図説

英国貴族の暮らし

田中亮三
Ryozo TANAKA

河出書房新社

はじめに　4

第1章　英国貴族とカントリー・ハウス　5
カントリー・ハウスとは　6
豪壮な邸宅　6／ある建築史家の回想　10
文化遺産としてのカントリー・ハウス　12
使用人たちの世界　14
厳格な身分制度　14／子どもの頃から奉公　18
幾多の歴史を経て　19／主人から貧しい者まで　20
階段下の世界　24
最後のカントリー・ハウス　26
二つの大戦のはざまに　26
英国が英国でありつづけるために　29
column 壁を埋めつくす肖像画　30

第2章　英国貴族の四季　35
タウン・ハウス　36
ロンドンの屋敷　36／クラブ　38
ロンドンの社交シーズン　42
自然を愛する英国貴族　42／ドレス・コード　45
column グランド・ツアー　48

第3章　英国貴族とは　53

社会構造のピラミッド　58
世襲貴族　59／他のヨーロッパ諸国との違い　60
名目だけの爵位　カートシー・タイトル　60
サー（sir）は貴族ではない　61
呼称はきわめて複雑　61／公爵閣下は別格　62

第4章　名家探訪——63

ホーカム・ホール——レスター伯爵家　64
ブレニム・パレス——モールバラ公爵家　68
チャツワース——デヴォンシャー公爵家　72
オールソープ——スペンサー伯爵家　76
バーリー・ハウス——エクセター侯爵家　80
ウーバン・アビー——ベッドフォード公爵家　86
column 貴族の館に保存されている肥前磁器（伊万里）　田中恵子　84
column グラームズ城　92
column カースル・ハワード　94
column 封建領主から男爵へ——ウィリアム・セシルの場合　96

第5章　王朝の変遷と貴族の興亡——103

近世に入って登場　104／チューダー王朝期の大変革　104
爵位が貴重な財産に　106／国会浄化の問題　107
グレイの改革　109

筆を置くまえに——111

はじめに

前著『図説　英国貴族の城館』の前に、カントリー・ハウスについての二冊の単行本、また、その後、雑誌などの刊行物にかなりの数の記事を書いてきましたが、それらは主に、館の建物と内装に視点をおいたものでした。

本書ではいわゆる英国貴族と呼ばれる人々が、とくに一七世紀以降、第一に、英国社会でどのような位置を占め、どんな機能を果たしてきたか、第二に、他のヨーロッパ諸国の貴族とどう違うのか、第三に、一般市民には雲の上の存在と思われている人たちの現実の生活の昔と今など、私の知りうる範囲で記してみました。

カントリー・ハウスや英国貴族についての本の多くは、貴族やその縁者が著したものです。もちろん、私は貴族に連なる一族の出ではなく、地球の裏側の一庶民にすぎません。しかし、たまたま東京駐在のある石油会社代表の夫人が二代レスター伯爵の孫で、私のカントリー・ハウスへの熱中に関心を持ってくれ、次男の婚約者の父親で、当時のシェルバーン伯爵、現ランズダウン侯爵のチャールズ・ペティ・フィッツモリスと、自分の実家の本家の当時クック子爵、現レスター伯爵のエドワード・クックに紹介してくれたのです。チャーリー（ランズダウン侯爵）はその頃カントリー・ハウス所有者で組織された「歴史的建造物協会」(Historic Houses Association) の会長で、私が取材を望んでいた家のオーナーたちに、「長年の家族ぐるみの友人」として紹介状を送ってくれたのです。エディ（レスター伯爵）も同様でした。

まるで「開けゴマ！」の呪文のように、それまでは取材申し込みの手紙を書いても返事もくれなかったオーナーたちから、快諾の知らせが届きました。その成果は『英国貴族の館』（講談社）として一冊にまとめられました。

西洋館撮影の第一人者増田彰久さんが撮影を、私が下交渉とドライバーを、妻の恵子がナヴィゲイターと通訳、それに行く先々でB&Bとの交渉を、それぞれ担当しました。増田さんも私たちも交通費、食費、宿泊代などすべて自前の、貴族の生活とはほど遠い超貧乏ツアーを毎夏、一〇年近く続けました。

本書の執筆を河出書房新社編集部から依頼されてから、今までの経験に加えて、英国の歴史から勉強し直し、ずいぶん多くの資料を読みました。その成果については、読者の皆様の、率直なご意見、ご叱正をいただきたく存じます。

二〇〇九年七月

田中亮三

第1章

英国貴族とカントリー・ハウス

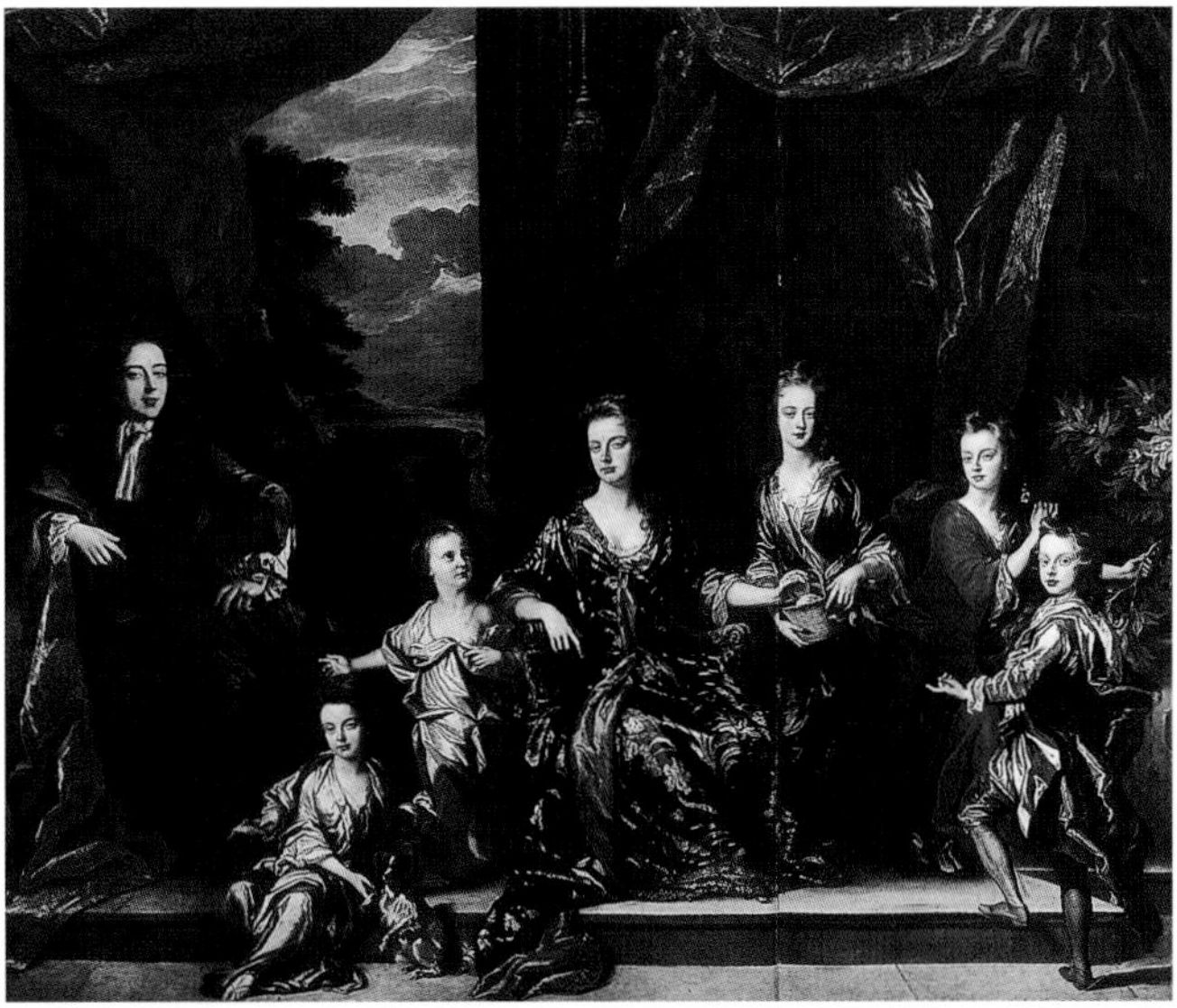

初代モールバラ公爵ジョン・チャーチル夫妻と子どもたち　1693年

カントリー・ハウスとは

豪壮な邸宅

構造の基本はホール

英国には一六世紀後半のエリザベス朝から、この国の繁栄が頂点に達した一九世紀半ばにかけて、主として貴族でもある大地主たちが、権勢を誇示するために、広大な領地のなかに建てた〈カントリー・ハウス（country house）〉と呼ばれる豪壮《ごうそう》な邸宅が何百とあり、今も多くは創建者の子孫が住みつづけています。

キリスト教会が支配していた中世ヨーロッパでは、代表的な大建築は大聖堂や修道院であり、封建領主たちが割《かつ》拠《きょ》して領地の争奪を繰り返す世俗の世界の代表的建造物は、狭間《はざま》を冠し、厚い外壁に物見の塔を配した城塞《じょうさい》でした。

ドレイトン・ハウス　フランスの著名な工匠ティジュー作の錬鉄の門から屋敷を望む

ドレイトン・ハウス　正面玄関　新古典様式の鬼才ウィリアム・トールマンの設計

ドレイトン・ハウス（Drayton House）　遠景

いずれも外界に対しては、厚い壁で遮られていて、開放面は中庭だけでした。

　十字軍派兵、英仏百年戦争、薔薇《ばら》戦争と続いた国内の混乱は、一四八五年、チューダー王朝の成立によって中央集権化が進み、治安も平静化したため、英国史上はじめて、外界に向けて開放的な、住宅専用の建物の建設が始まりました。

　一六世紀前半は住宅建築様式の模索時代で、まだ城郭《じょうかく》建築の観念から抜けきれず、家の周囲に掘割《ほりわり》をめぐらし、軒に狭間を冠したりしています。構造

サイアン・ハウス（Syon House）ロング・ギャラリー　建築家ロバート・アダム（Robert Adam　1728〜92）による内装

ドレイトン・ハウス　石の階段（Staircase）

ダンロビン城（Dunrobin Castle）
ビリアード・ルーム

ドレイトン・ハウス（Drayton House）
ウォルナットの階段

の基本は〈ホール（hall）〉と呼ばれる長方形の広間を中心に据えていることです。

この形式は中世の城や荘園領主の館（manor house）に由来するもので、ロング・ギャラリー（long gallery）とともに、用途や重要性は変わっても、一九世紀まで受け継がれるカントリー・ハウスの伝統的特徴です。

ロング・ギャラリー

ロング・ギャラリーは幅五メートル余り、長さ六〇メートル以上、一見廊下のようですが、部屋と部屋を結ぶ通路ではなく、独立した長細い部屋なのです。

用途は当時のパーティ会場で、招かれた貴顕《きけん》紳士たちは、趣向を凝《こ》らした衣装に、持てる宝石や宝飾品をすべて身につけ、今日のファッションショーさながらに、自慢の衣装、装身具を見せびらかして行き来したものです。

ロング・ギャラリーは一八世紀に絵画、彫刻などのコレクションを展示する、文字どおりギャラリーに転用されたり、その豊富な壁面を利用して、膨大な蔵書を収納するライブラリー（library）に改装されたものも多く見かけられます。一九世紀後半にはビリアード（billiards）が流行し、ほとんどの家で既存の部屋の一つをビリアード・ルームに改装しています。

9代デヴォンシャー公爵の17人の孫たち　1931年

ある建築史家の回想

まるでホテルのようだった

デヴォンシャー公爵の一族の一人で、その本拠チャツワースにしばしば泊まりに行った建築史家マーク・ジルアード（Mark Girouard）は、『イングリッシュ・カントリー・ハウス』（The English Country House　ナショナル・トラスト刊）に寄せた序文で、幼い頃の自らの体験をこう語っています。

六歳の復活節の休みにチャツワースに行ったとき、

私は普通の家に泊まっているとはとても思えなかった。

子どもの私たちが毎晩「壁画のホール」を通って大伯母に「おやすみ」を言いに行くとき、

われわれが歩く二階の廊下の金色に塗られた鉄の欄干《らんかん》は、今まで訪れたどの家にもないもので、まるでホテルのようだった。

しかしそこが怖いとも思わなかったし、圧倒されてしまうということもなかった。

復活節当日には、私たちはみんな「イースター・エッグ探し」に大きな池の端におりて行った。

それらはさまざまな色に染めたゆで卵で、池の堤の氷室《ひむろ》近くにある丈の高い草に隠してあった。

私たちが卵を取り合って取っ組み合いをしているのを、大人たちは優しく見守っていた。

ファミリー・オケージョン

イースターはクリスマスと並んで〈ファミリー・オケージョン（family occasion）〉と呼ばれ、日本の盆や正月のように、ふだんは離れ離れに暮らしている家族が親の家に集まって、再会を喜び合う機会となる行事です。けたはずれに豪華で壮大な屋敷でも、そのなかで営まれる家庭生活は庶民とそうかけ離れていないようです。

もう少し成長すると、子どもたちは広大な庭を駆け回り、流れに木の葉を浮かべて競争したり、ギリシア、ローマの神々や英雄たちの裸像の下腹部を指さして笑い合うようになります。

ある日、階上の窓からはるか下の玄関にロールス・ロイスが停まり、外套《がいとう》と膝掛けにくるまれ、両脇をバトラー(butler　執事)とフットマン(footman　下男、従僕)に支えられた人影がゆっくりと家に入るのが見えたといいます。ジルアードが大伯父の姿を見たのは、後にも先にもこの一度だけでした。

まもなく未亡人となった大伯母はもう一つのカントリー・ハウス、エリザベス朝のハードウィック・ホール(Hardwick Hall)に移ります。ハードウィック・ホールに泊まると、ジルアードの母は天鵞絨《ビロード》のカーテンや駝鳥《だちょう》の羽根で飾った天蓋《てんがい》のある四柱式のベッド(four-poster)を使っていました。

彼は自分もいつかそのベッドで寝ることを夢見ていましたが、その年齢になった頃には、大伯母はすでに亡くなり、ハードウィック・ホールはナショナル・トラスト(The National Trust　一八九五年設立の英国の民間団体。歴史的建造物と自然の保護を目的とし、寄贈や買い取りによって土地や屋敷を入手し、保全・管理する)に移管されて、ベッドの周囲にはロープが張られていました。

ドローイング・ルーム(drawing room　応接間)は1939年から46年まで寄宿舎として使われていた　チャツワース

7人のハウスメイドたち　1930年　チャツワース

執事ただ一人に

第二次世界大戦でカントリー・ハウスの生活も一変します。はるかに少ない人数の使用人でやっていくためには、生活の規模も質も大幅に縮小せざるをえませんでした。

戦後、ウェリントン公爵の館ストラトフィールド・セイ・ハウス(Stratfield Saye House)にジルアードが泊まった折、スープと肉は銀の皿に盛られ、果物を取り分けるのにはかつてフランスの王のものだった金のナイフとフォークが使われていました。公爵がレイク(lake)から釣ってきた川鱒(pike)と野鳥のパイはけっこういけたといいますが、他の料理はおいしくなかったといいます。

このとき食卓で給仕にあたったのはバトラー(執事)ただ一人でした。か

ドレイトン・ハウス　ダイニング・ルーム（dining room　食堂）

っては執事の指揮のもと、大勢のフットマンが給仕にあたったものでした。

文化遺産としてのカントリー・ハウス

延々と続く石積みの塀

宮殿でなく、城でなく、博物館でもなく、家であり、それはいつも「ザ・ハウス」と呼ばれてきた。

「ちょっと家へ行ってくる」「九時半に家で会おう」「彼は家のどこかにいるはずだよ」

その巨大なたてものをあらわす言葉は「家族の住むところ」をさしている。

（デヴォンシャー公爵夫人著『ザ・ハウス――チャツワースの肖像』）


チャツワースにかぎらず、延々と続く石積みの塀にそって何マイルも車を走らせ、堂々たる連鉄《れんてつ》の門にようやく

ドレイトン・ハウス　サルーン（saloon 広間）

たどりついて “We are going to *the house*” と告げれば、ただちに私たちが一般の観光客でなく一家の客人であることがわかって、門番の老人はそこからさらに奥深い母屋への近道を教えてくれるはずです。

人の住んでいない家

英国に残る数多くの歴史的な家のなかには、すでに家族の手を離れて、公共の機関や文化遺産の保存・維持を目的とする民間の文化保護の財団に維持運営を委ねているものも少なくありません。

それらは、建物だけでなく、内装、家具調度、絵画や陶磁器にいたるまでほとんどが往時のままに保たれており、机の上に当時の家族の写真や老眼鏡が何気なく置かれてあるなど、維持管理にあたる人々の心遣いが十分に感じられます。

にもかかわらず、人の住んでいない家というものには、理科室の剥製や博物館のSLを見るような、一種さめたなにかを感じてしまいます。

第7代スレッドミア准男爵と執事　1936年

使用人たちの世界

厳格な身分制度

統括はハウス・スチュアード

カントリー・ハウスの生活は時代とともに変化しましたし、家によって異なる点も多かったのですが、いずれにしても多くの使用人を必要としました。それら大所帯の使用人社会は、一般社会の階級制度と同様に厳格な身分制によって維持されていました。

組織を統括するのは家政の長ハウス・スチュアード（house steward）で、その下に現場の指揮をとるバトラーがおり、さらに主人の身のまわりの世話をするヴァレット（valet）がいて、このあたりまでが上層部となります。

女子の使用人を統括するのはハウスキーパー（housekeeper　女中頭）で、

ハウスキーパーズ・ルームにて　右端のハウスキーパーがその日の仕事の指示を出す　1911年

アーツ・クラブの女性シェフ　1935年

19世紀のガヴァネス（governess　住みこ
女家庭教師）　独身でも「ミセス」をつけ
ばれ、親にかわって子どもの教育のすべて
限と責任をもった。子どもが乳幼児の時期
えるとナニーに代わってガヴァネスが子ど
教育に全責任をもつ　1860年

ヴァレットに相当するのがレイディーズ・メイド（lady's maid）でした。

クック（cook）あるいはクック長（chef）は技能をもった親方的存在で、給料も高く、別格でした。

数多くのスタッフ

下位のスタッフには、家のなかの仕事をほとんど何でもこなすフットマンやアンダー・バトラー（under-butler 執事補）がいて、さらに雑役の使用人がいました。

女子のフットマンにあたるのはハウスメイド（housemaid）で、その下に台所、洗い場、洗濯などを担当するメイド（maid）たちがいました。

家の外まわりの仕事は馬や馬車に関

ハウスメイド　19世紀

ココアを運ぶハウスメイド
1744～45年頃

雑用をこなすメイドたち　1864～65年頃

つかのまのまどろみ　1871年

御者　1851年

造園係　1822年

ジェントリー（gentry　郷紳）と家族の朝の礼拝　1931年

ハウスキーパー
1822年

屋敷専属の大工
1830年

しては厩番（groom）や御者（coachman）、庭園の整備は造園係（gardener）、密猟者の監視と狩猟用の雉子《きじ》の養殖をおこなう猟場番（gamekeeper）等々です。

所領の人々をねぎらうための晩餐会の用意

子どもの頃から奉公

地域の村からカントリー・ハウスへ

これらの使用人たちは子どもの頃、村から奉公に上がり、その才覚と勤務ぶりによってしだいに昇進していきます。ハウスメイドの場合、主人夫妻に認められてナニー（nanny, nurse　乳母）と呼ばれる子どもの養育係に任じられると、家族に準じる特別な待遇が与えられます。ナニーは、その家の子どもを自分の子どもと同じように厳しく育て、実の両親である主人夫妻もめったに口出しをすることはありません。

メイドたちはメアリーとかスーザンといった名前で呼ばれますが、ハウスキーパーとナニーはたとえ独身であっても「ミセス」をつけて苗字で呼ばれました。

年金とコテージ

多くの村人たちが何代にもわたって一つの家に仕えてきました。一生仕えて老年を迎えた者には年金と余生を送る家（cottage）が、身寄りのない寝たきりの人には介護も与えられます。ハーウッド・ハウス（Harewood House）で私たちを案内してくれた老ポーター（porter　門衛）は、南面に見渡すかぎり広がる庭園の左手を指さして静かにいいました。「あの木が切れるあたりで私は生まれました。父も祖父も一生このお屋敷で働いたんです」。ハウトン・ホール（Houghton Hall）の正門の手前数百メートルの道の両側には、一見して小作人の小屋であったとみられる同じ造りの家が並んでいます。「あの右側の三軒目の家で私は生まれで育ちました。若い時に結婚して四〇年以上もケントに移り住んでいたのですが、夫が死んで一人になったら、侯爵さまがご親切に『戻って来てここに住むように』といってくださったんです」と、杖をついて歩いて来た老婦人が話してくれたことも忘れられません。

使用人たちの記念写真　キッチン・ガーデン（台所で使う野菜やハーブを栽培する）を背景に

シャンデリアと時計の手入れ　ブレニム・パレス

幾多の歴史を経て

美談ばかりではない現実

けれども、カントリー・ハウスの歴史は、けっしてこのような美談ばかりで飾られているわけではありません。庭園の整備計画の邪魔になるとか、屋敷から眺めて目ざわりだというだけで村をそっくり移転させた例が、私の知るかぎりでも三件あることもまた事実なのです。

一六～一七世紀にカントリー・ハウスを築いた海千山千の新興階級は、金銭の出入りに細かい人々だったので、使用人に対しても厳しく辛く当たることが多かったようです。

またエリザベス朝時代は女王への崇敬から、続くスチュアート王朝は王たちが夢見た絶対王制の理念から、儀式や制度が複雑・多重化し、それを反映してカントリー・ハウスにおける日常生活も、よりフォーマルなものになっていきました。

サーヴァンツ・ホール（使用人の食堂）

民心をつかむ術

一八世紀になるとこれら支配階級も代を重ね、育ちのよさと余裕を見せてきて、グランド・ツアー（grand tour 四八頁コラム参照）による大陸の体験の影響もあり、生活も肩肘《かたひじ》張らないより自然なものになっていきます。

使用人に対しても鷹揚《おうよう》さを示して、敬愛を受けるようになってきます。年に一度家を開放して晩餐会（servants' dinner）や小作人たちを含めた舞踏会（tenants' ball）を開いたり、近隣の村人のために庭園で一種の祭りを催した

は、のちの植民地支配においても十分に生かされることとなったのでしょう。

主人から貧しい者まで

お仕着せの習慣

身分制が明確な英国では、中世から封建領主が配下の者たちに〈お仕着せ（livery）〉を与える慣習がありました。

家臣（retainer）の数が彼らの権勢をあらわす一つの指標でもあったため、実際には主従関係のない者にまで制服を与え、その威光で外圧から保護することを条件に、名目だけの主従契約を結ぶことさえおこなわれたのです。勢力の強い領主の場合、家臣を含めて、使用人たちは制服を与えられることを非常な名誉と感じていました。

カントリー・ハウスの場合でも、制

用人同士の恋愛はご法度だった

服は使用人の身分、職種、季節、時と場合によって細かく規定され、雇用契約書にも明記されていました。

いろいろなテーブル

食事も、主人のテーブルに始まり、身分によっていろいろなテーブルが用意されました。

客人など、主人のテーブルにつく人の一人前（mess）はとてつもない分量で、好きなだけ食べるとスチュアード（steward's room）、ハウスキーパー（housekeeper's room）、下級の召使（servants' hall）、最下級の召使（kitchen departments）と、次々に下位食堂ののテーブルに下げ渡され、最後に残ったものは生活困窮者に施されるというのが中世からの方式で、ハドン・ホール（Haddon Hall）には残飯を入れて

ディナー・パーティの様子　ブレニム・パレスにて

銀器に盛ったご馳走をダイニング・ルームへ運ぶフットマンたちの行列

お客様ご一行を迎える日

ヨーク公を迎えるパーティの日。使用人たちの記念写真

洗濯物の乾燥室

リネンを手洗いするレイディーズ・メイド　1765〜82年頃

洗濯室　アイロンはボイラーの火であたためた　1890年

戸外に置く木製の戸棚（dole cupboard）が残っています。
　主人から貧しい者までという慣習は、形は変わっても続いていたようで、一八九〇年代に米国から輿《こしい》入れしたモールバラ公爵夫人（Duchess of Marlborough）の記録にも見られます。

　このような家は、家族のほかにロイアル・ファミリーを含めたおびただしい数の客をもてなさなければならなかったので、年間の経費は今日のお金に換算したら気の遠くなるような額であったにちがいありません。

ちなみにビーヴァー・カースル（Bel

voir Castle）では、一八三九年一二月から翌年二月にかけてのうち八週間で、ワイン二〇〇ダース、ビール七〇樽（一樽一万二五〇〇リットル）、ロウソク二三三〇本、灯火用鯨油六三〇ガロン、公爵のテーブルで食事をした人数一九

ラーダ（生鮮食料貯蔵室）

カントリー・ハウスのキッチン

ラーダではバターなどもつくっていた

奥様の世話をするレイディーズ・メイド
ハットフィールド・ハウス　1820年

フットマンは手紙を、メイドは石炭を運んでいるところ　職分は厳格に守られ、石炭が重たくてもフットマンは手を貸すことができない　1863年

（左）朝、ハウスメイドはプリントのユニフォームを来てハウスメイド・ボックスを手にしている
（右）その他は黒いアフタヌーン・ドレスにキャップにエプロンが決まりだった

セント・ジャーマンズ（ST Germans）の今は使われていないが、昔のままのオールド・キッチン

セント・ジャーマンズの呼び出し用、ベル

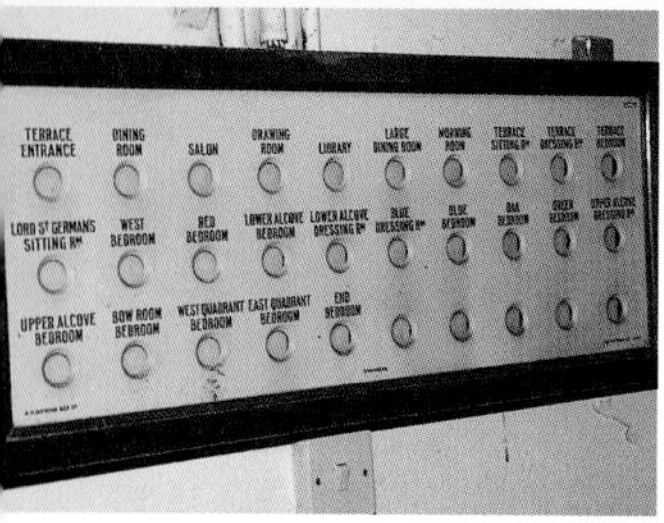

セント・ジャーマンズの呼び出し灯のケース

セント・ジャーマンズのラーダ

セント・ジャーマンズのスティル・ルームのドア・プレート

パントリーのドア・プレート

九七名、スチュアード二四二一名、その他一万一三一二名。パン三三三三斤、肉二万二九六三ポンド、公爵と友人がシューティングをして、食用に供された雉子二五八九羽、という記録が残っています。

階段下の世界

サーヴィス用の通路

カントリー・ハウスの膨大な量の家事を担当する裏方の領域は、地階、または半地下にあることが多いので、〈ビロウ・ステアーズ（below stairs）〉などと呼ばれます。これら使用人たちの、いわば裏階段が、しばしば壁の内側にあるサーヴィス用の通路とともに、目にふれないところに設けられています。

これらは表階段とは異なり、狭い螺《ら》旋《せん》階段か、正方形の縦穴をぐるぐると回って上るタイプの、実用一点ばりの粗末な階段です。

セント・ジャーマンズのチャイナ・ルーム

パントリーで銀器を磨くバトラー　1868年

使用人たちの働く部屋

かつて執事《バトラー》、女中頭《ハウスキーパー》、クックまたはシェフという、管掌する領域が明確に区分された三人の指揮のもとに大勢の使用人たちが忙しく働いた部屋にはどのようなものがあったのでしょうか。

キッチン、スカラリー（scullery　洗い場）、スティル・ルーム（still room　ジャム類やお茶のためのパイなどをつくったり、昼夜問わず料理に使うスープストックのために野菜を煮立てている、もう一つの台所）、パントリー（pantry　バトラーの管理するグラス、カトラリー、金属器を収納する部屋）、ナイフ・ルーム（knife room　念入りに研いたり磨いたりする必要のある、象牙《ぞうげ》や骨製の柄のついたナイフを収納する部屋）、ラーダ（larder　肉類を処理し、卵、チーズ、バターなどを収納する部屋）、ローンドリ（laundry　洗濯室。洗うだけではなく特殊なリネンの襞《ひだ》にあわせた特別なアイロンなども用意されていた）、チャイナ・ルーム（china room　ハウスキーパーが管理する陶磁器類を収める部屋）、セラー（cellar　ワインの貯蔵庫だが、大きな屋敷には自家醸造したビールを樽で貯蔵するビヤ・セラーもある）、サーヴァンツ・ホール（使用人の食堂）などがありました。

セント・ジャーマンズのセラー
ここには電気がきていない

最後のカントリー・ハウス

二つの大戦のはざまに

カースル・ドローゴー　正面

戦争に赴いた多くの当主たち

六〇年を超えるヴィクトリア女王の治世は二〇世紀に入った一九〇一年にようやく終わり、世紀末の耽美《たんび》的文化の残り香が漂うエドワード王朝は一〇年足らずではありましたが英国のベル・エポックを形成します。そのわずか四年後にヨーロッパ全土は未曾有《みぞう》の大戦に巻き込まれ、古きよき時代を再びみることはありませんでした。

人間の英知の果実として、人類の福祉に貢献するはずのテクノロジーが、地上かつてない大殺戮《だいさつりく》と大破壊に加担してしまった惨状を目の当たりにして、人々は二度とこの地上に戦争が起こることはないと信じました、

しかし、二〇年後にはさらに多くの国を巻き込む世界規模の戦争に突入します。カントリー・ハウスの若き当主たちや未来の主人たちは軍服に着替え、多くが戦場に赴き、そのなかの少なからざる人々は、二度と祖国の土を踏むことがありませんでした。彼らは指揮官として最前線に立ったため、戦死者の比率は庶民の兵士たちよりはるかに高かったといわれています。カントリー・ハウスを縁の下で支えてきた人々についても同様でした。

ニュー・リッチの夢

二つの大戦に挟まれた二〇年間、とくに一九二九年の大恐慌に続く不況の三〇年代に、経済的不安や将来への絶望から何世代も受け継いできた館を手放す人が相次ぎ、それらの大部分は開発業者によって取り壊されたり、小さく区分されて集合住宅に変わったりし

カースル・ドローゴー　応接間

カースル・ドローゴー　ミスター・ドルーの私室

カースル・ドローゴー　ナーサリー（nursery　幼児室）

主人の個室　中央には洗顔用の道具

ました。

しかし二〇世紀においてもカントリー・ハウス規模の私邸が皆無になったわけではありません。旧来の大地主である貴族に加えて、産業革命によって起業家という新興富裕階級が台頭し、これらニュー・リッチたちの夢はカントリー・ハウスの主の仲間入りをすることでした。

ジューリアス・ドルーの場合

一八五六年生まれのジューリアス・ドルー（Julius Drewe）はこのようなヴィクトリア朝起業家の典型でした。貧しい家庭に生まれ、一七歳で茶の輸入商をいとなむおじの店に勤め、中国に派遣されますが、彼はここで商売のうまみを知り、植民地で安く買いつけた商品を仲介業者をとおさずに本国で廉価《れんか》販売することを思いついたのです。

まず第一号店をリヴァプールに開き、二二歳で全国各地に支店をもつ繁盛ぶりで、現代の量販店のはしりでした。彼は三二歳で早くも引退し、企業家たちの理想であったカントリー・ジェントルマンの生活を楽しむことに専念しました。

ドルーのカントリー・ハウスを建てる夢は、一九一〇年当時のクライアントの依頼を忠実に実行することで評判の高かった、建築家エドゥイン・ラチャンズと契約をかわすことで実現しました。デヴォンシャーの丘陵が谷に下る端に建つ花崗岩の城カースル・ドローゴー（Castle Drogo）は、外観は中世の雰囲気を醸しだしていますが、内部の間取りには城の要素はなく、快適な生活空間をつくっています。

ドルーはこの建築の設計に関して、長男のエイドリアンをラチャンズの助手につけますが、エイドリアンは館の完成を見ずに一九一七年フランドル地方の戦線で戦死を遂げます。ドルーが長男に抱いていた期待がいかに大きかったかは、エイドリアンがイートン校からケンブリッジ大学に進んだことに象徴的にあらわれています。
しかも国のために命を捧げたことで、エイドリアンはカントリー・ジェントルマンの生涯をまっとうしたともいえます。最後のカントリー・ハウスといわれるカースル・ドローゴーの物語を飾る、哀しくも感動的な実話です。

英国が英国でありつづけるために

ノブレス・オブリージ

しかし、今もなお多くの人々が先祖から承《う》け継いだ家を必死に守っています。このことは単なる見栄とか体面といったものではなく、英国の支配階級が共有する不文律〈ノブレス・オブリージ（noblesse oblige　高貴なる者の責務）〉にほかなりません。

税制上の優遇措置を受けるため公益法人を設定して所有権を委譲し、家を一般公開して入場料を維持費の補助にあてているケースも多くありますが、

英国でもっとも早く導入されたシャワー

昔風のトイレ。高級な素材、マホガニーが使われ蓋を閉めるとチェストのような外見になる

チャツワースのように多くの観光客が訪れる屋敷ですら、年間の入場料収入は家の維持費のやっと三分の一をカバーできるにすぎないといいます。あとの三分の二は、エステイト（estate　所領）の収入や投資の配当をつぎ込んでいるのが現状だということです。

眉ひとつ動かさずに敢然と苦難に立ち向かう

これらカントリー・ハウスの所有者たちは、家の維持・管理、エステイトの経営、資産の運用などのほかに、多くの場合、複数の福祉活動の代表者としても多くの時間を割いています。

彼らは朝早く邸内の居住区や、光熱費節減のために移り住んでいる旧使用人住宅から管理事務所に出勤してきて、席のあたたまる暇もなく携帯電話を片手に邸内や農場を見まわり、刻々と変わる市況に目を配り、慈善団体の会合で挨拶するために車をとばします。

おそらく現代の英国でもっとも多忙な人種に属するのでしょう。彼らには先祖たちが享受《きょうじゅ》した優雅な生活は望むべくもありませんが、今もなお自分たちがおかれている特別な立場で社会に十分貢献し、またそれにふさわしい敬意を社会から受けている点では変わりがないように思われます。

英国人の好きな表現“to keep a stiff upper lip”（眉ひとつ動かさずに敢然と苦難に立ち向かう）は、まさに今日のカントリー・ハウスの主人たちの姿をあらわしているように思えます。カントリー・ハウスが存続するかぎり、英国は英国でありつづけるのでしょう。

column

壁を埋めつくす肖像画

肖像画とタピストリー

英国人が愛好する絵画の主流は、チューダー王朝時代から一九世紀まで、一貫して肖像画でした。これには、カントリー・ハウスの存在が大きくかかわっていると思われます。

近世英国の基礎を確立した新興の支配階級は、自分たちの存在にカリスマ性を加えるために、日本の多くの系図が清和《せいわ》源氏《げんじ》か桓武《かんむ》平氏《へいし》に始まるように、歴史的な人物や王族との姻戚《いんせき》関係の系譜を暗示する肖像画を描かせました。そしてそれらで、当時社交行事の中心的な場だった、ロング・ギャラリーと呼ばれる幅の広く長い廊下のような部屋の壁面を埋めつくしました。

家具も調度もわずかしかなかったエリザベス朝時代には、肖像画とタピストリーが室内装飾のほとんどすべてといっていいほどだったのです。

時代が下るにつれて、広い階段室の壁面や応接間の壁も肖像画で覆われます。英国人ほど自分を含めた一族、縁者、友人の肖像を好む国民はないといわれます。当然、画家にとって肖像画で評判を得ることが出世の早道でした。有力な貴族に気に入られて、その口ききで王族の肖像を描くチャンスをつかみ、ゆくゆくは宮廷画家に取り立ててもらうのが夢だったのでしょう。

カントリー・ハウスを彩る肖像画の代表的な画家たちを紹介しましょう。

チューダー、スチュアート王朝期

この時期には、英国人の画家の技量はまだ未熟で、ほとんどがドイツやオランダに生まれて、オランダやイタリアで修行をした画家たちでした。

筆頭は、すでにヨーロッパで名声を得ていたハンス・ホルバイン二世（Hans

グラームズ城（Glamis Castle）のダイニング・ルーム　ここも壁面に数々の肖像画が並ぶ

Holbein　一四九七〜一五四三）でドイツのアウグスブルクで生まれ、画家であった父や兄とともに、当時学問と印刷、出版の中心だったスイスのバーゼルに移り、オランダのロッテルダムでは、当時、人文学者として名高いエラスムスの知遇を得、その後イタリアでマンテーニャのフレスコ画など研究しました。

一五二六年からエラスムスの推薦でトマス・モアを訪ね、モアは彼の技量を絶賛してエラスムスに書状を送っています。モアは彼自身のみならず、家族の肖像画も描かせ、多くの宮廷人たちに紹介、国王ヘンリー八世（在位：一五〇九〜四七）やまだ蜜月《みつげつ》時代の王妃アン・ブリン、四番目の王妃アン・オブ・クリーヴなどの注文を得ています。

エリザベス朝末期からジェイムズ王朝にかけては、日本ではほとんど名も知られていないマーカス・ヘアラーツ（Marcus Gheeraerts　一五六一／二〜一六三六）というオランダからの亡命者の画家がいます。女王の寵臣《ちょうしん》サー・ヘンリー・オブ・ディチリーがパトロンになったため、とくに女王お抱えの肖像画家になり、ジェイムズ一世の王妃

マウント・スチュアート・ハウス（Mount Stuart House）　肖像画が広い壁面を埋めつくしている

アン・オブ・デンマークの愛顧《あいこ》も得て、宮廷人のあいだで多くの注文を受けました。

ヘアラーツは衣装や装身具の緻密な描写力には優れていましたが、人間はまったく稚拙で、何か支えをしないと倒れてしまいそうな、人形のように見えて、手なども不自然な角度に描かれていましたので、一六一〇年以降はまったく顧みられなくなりました。

彼の義理の弟アイザーク・オリヴァー（Isaac Oliver）はその師サー・ニコラス・ヒリアード（Sir Nicholas Hilliard）は英国人でしたが、細密画（ミニアチュール）の歴史において、最高の画家と評価されています。

ルーベンス、とくにその弟子ヴァン・ダイクは宮廷画家として人気を博しましたが、ヴァン・ダイクは夭折《ようせつ》したにもかかわらず、チャールズ一世の騎馬像を多く残しています。

清教徒革命とそれに続く共和制の時代には、オランダ人サー・ピーター・リーリ（Sir Peter Lely　一六一八～八〇）やドイツ生まれでオランダ、ローマ、ヴェネツィアで修行したサー・ゴッドフリー・ネラー（Sir Godfrey Kneller）がホイッグ党の貴族や文化人のあいだで活躍します。

ジョージ王朝時代

この時期から、ロンドンを中心に肖像画の市場が、急激に活況を呈してきました。顧客は貴族、ジェントリー（gentry　郷紳）、新興産業資本家たちに加えて高級娼婦（ネルソン提督の愛人エマやデュマの「椿姫」のヴィオレッタのような）と階層が広がりました。

多くの英国人画家が登場しましたが、彼らはマスコミの賞賛を受けたり、非難を浴びたりはしたものの、一番目立った存在はサー・ジョシュア・レノルズ（Sir Joshua Reynolds　一七二三～九二）でした。彼はロイアル・アカデミー（Royal Academy）の初代総裁に選任されました。彼はモデルの地位、性別、年齢に合ったポーズを決めることが巧みで、ジョージ三世の宮廷画家に任命されました。

一方、トマス・ゲインズバラ（Thomas Gainsborough　一七二七～八八）は、生

トマス・リー大尉　ヘアラーツ画

サー・ゴッドフリー・ネラーの自画像

サー・ジョシュア・レノルズの自画像

来の流れるような筆致と描ききない技法を持ち合わせ、その時代を代表する美女たち各人の、性格の特徴を見抜く目をもっていました。

ゲインズバラと並ぶ優れた技巧のジョージ・ロムニー（George Romney 一七三四～一八〇二）は、「優れた画家とは王立美術院の会員になることではなく、自己の技量で世に認められることだ」という信念に徹して、古典主義的技法を貫きました。しかし、ロムニーという名でまず思い浮かべるのは、のちにネルソン提督の愛人となるハミルトン卿夫人エマ（Lady Hamilton, Emma Hart 一七六五～一八一五）の肖像で、彼は一七八二年にはじめてエマをモデルにして以来、六〇枚以上のさまざまなポーズの肖像を描いています。

トマス・ロレンス（Thomas Lawrence 一七六九～一八三〇）は完璧で華麗なロマン主義的な画風で、ジョージ三世の宮廷画家に登用され、一七九二年にレノルズの後継者としてロイアル・アカデミーの総裁に任命されました。

ロレンスは名彩色家（colorist）でもあり、ナポレオンの敗北後、大陸各地を旅して、諸国の君主、貴族や貴婦人、勝利に貢献した名将たちの肖像を描き、大陸の肖像画家の影響から完全に脱却して、孤高の英国肖像画家となりましたが、彼を最後に英国の肖像画の時代は終わって、英国人の好みは風景画に移っていきました。

一七世紀以来ヨーロッパ絵画の主流であった歴史画より一段低く見られていた風景画を、対等の地位に引き上げ、フランスに半世紀以上も先立って印象派的手法を確率して「光の画家」と呼ばれたターナー（J.M.W. Turner 一七七五～一八五一）と、本国では遅咲きでしたが、フランスで人気を博したコンスタブル（John Constable 一七七六～一八三七）の存在は、後進性に甘んじていた英国絵画を、世界的な水準に高めました。

一方、貴族の名家を訪ねると、必ずといってよいほど、一八世紀の当主や家族たちを描かせたレノルズやゲインズバラの大きな肖像画が、客間の壁を飾っていますが、産業革命による新興産業資本家の台頭により、一六世紀以来の大地主の貴族たちは、享受《きょうじゅ》してきた大

ネルソン提督の愛人、ハミルトン卿夫人エマ　ロムニー画

トマス・ゲインズバラの自画像

きな特権を失うことになり、肖像画の対象も、従来の貴族やジェントルマン階級の人々から、知識人や富裕な商人たちに広がり、画家も自由に相手を選び、好みの表現で描くようになります。

近代から現代へ――肖像画の変遷

一九世紀後半から二〇世紀になると、汽船や鉄道の発達により、速くて安全な移動が可能になったせいで、画家は故国を離れ、一所に定住することなく、ヨーロッパの各地から中東にいたるまで足を伸ばし、さまざまの人物や風物に接して幅広く吸収し、新しい表現を試みるようになります。

したがって一八世紀までのように、国籍にこだわることが少なくなったようで、ウィスラー（James McNeil Whistler　一八三四～一九〇三）やジョン・シンガー・サージャント（John Singer Sargent　一八五六～一九二五）のように、国籍は米国でも、ほとんどロンドンを拠点に活躍する、いわゆる「エクスパット（他国籍のまま働く人）」たちが、なんの抵抗もなく受け入れられ、とくにサージャントは、貴族を含む各種各層の人々から肖像画を依頼されています。

貴族の肖像画の変遷を示す一例として、サー・ウィンストン・チャーチルやダイアナ妃と縁の深いモールバラ公爵家では、初代公爵と夫人はネラー、四代目公爵夫妻と家族はレノルズ、九代目公爵夫妻と家族はサージャントが描いています。

一九世紀末から二〇世紀初めに英国で活躍したアメリカ人画家サージャントは、色彩よりも線と明暗の濃淡でモデルの性格を描き出そうとする画風ですが、それは当時の英国肖像画に共通する特徴でもあります。

二〇世紀英国の肖像画家といえば、まずオーガスタス・ジョンの名が浮かびます。彼は注文でポートレイトを制作するのではなく、自分が興味をもつ人物を個性的に描きました。過去の肖像画家とは異なる方法ながら、肖像画の栄光を回復させるのに一役買ったといえるでしょう。

ウィリアム・ウィルバフォース（William Wilberforce　1759～1833）
奴隷売買禁止法の主導者　ロレンス画

オットリン・モレル（Lady Ottoline Morrell　1873～1938）
モレルは有名な詩人や芸術家が集うサロンを主宰した　オーガスタス・ジョン画
（Augustus Edwin John　1878～1961）

第2章

英国貴族の四季

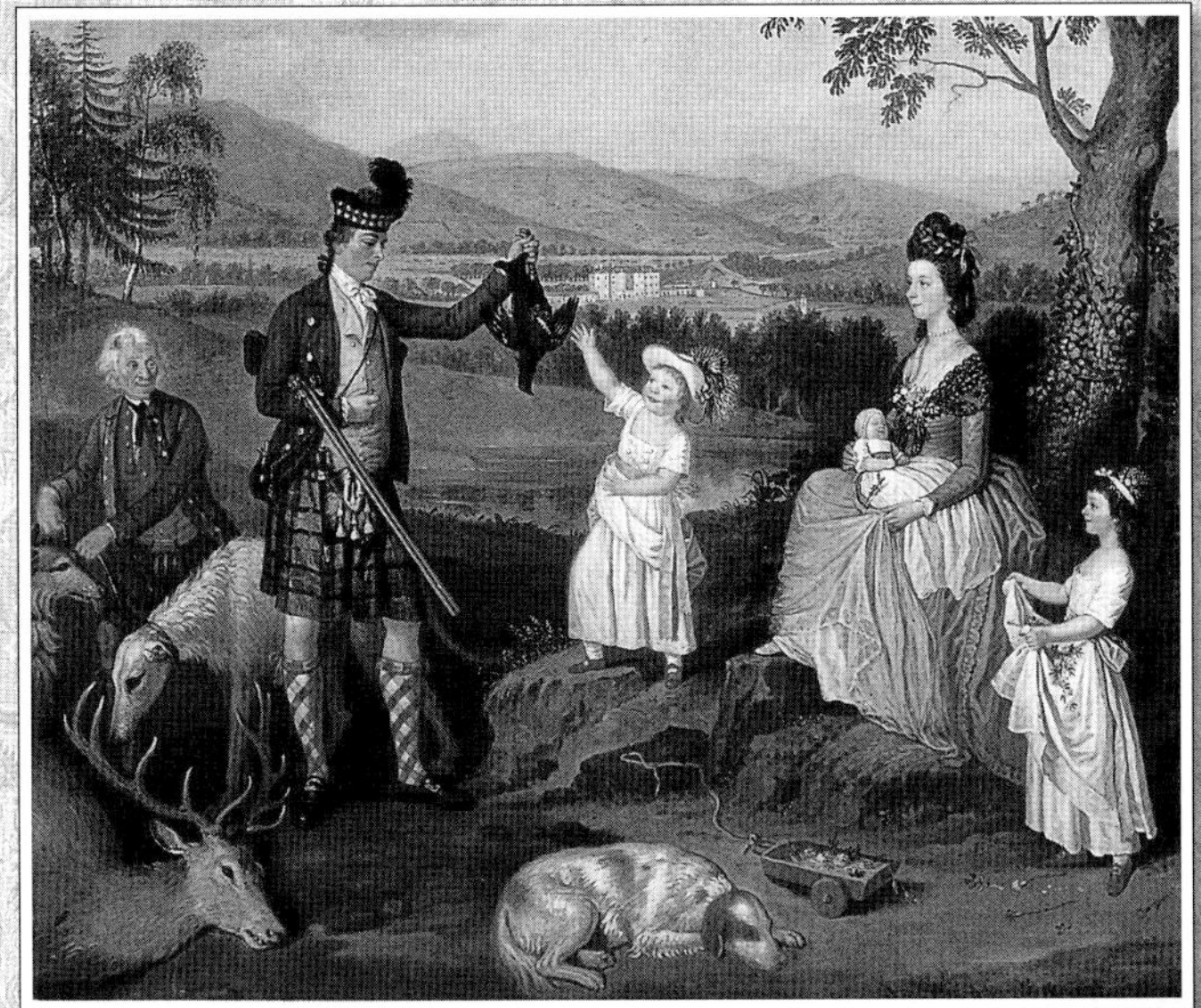

4代アソル公爵（Duke of Athol） 1785年

タウン・ハウス

ラ・ハウス南面　ロンドン、パル・マル街　クリストファー・レン設計　1937年までモールバラ家のタウン・ハウスだった

ロンドンの屋敷

カントリー・ハウスは“country seat”または“stately home”とも呼ばれます。

前者は〈地方の所領に建てられた本拠(seat)〉を意味し、後者は建物に視点をおき〈堂々たる住まい〉の意味です。チューダー、スチュアート両王朝時代（一六〜一七世紀）に宮廷生活を送っていた貴族、あるいはジェントルマン階級は、ジョージ、ヴィクトリア両王朝期（一八〜一九世紀）には議会中心の政治生活のために、ロンドンにも屋敷を構えていました。

一部はホテルなどに

その多くはすでに取り壊されてしま

いましたが、一部は現在、公共の建物、ホテルなどに使われています。ロイアル・アカデミーのほか伝統のある学会の本拠であるピカディリーのバーリントン・ハウス（Burlington House）、パーク・レーンの超高級ホテル、グローヴナー・ハウス（Grosvenor House）、オフィスや催事場の複合施設として使われているスペンサー・ハウス（Spencer House）などにその名が残っています。

言葉の由来

これらのいわば別邸を〈タウン・ハウス〉と呼んだことから地方の本邸を〈カントリー・ハウス〉というようになった、というのが一般的な説です。しかし、タウン・ハウスは元来、タウン・ホール（town hall）と同じく市役所、町役場などを意味し、〈都会の住まい〉をさす用例はずっと遅れて一八二五年にはじめてあらわれました。このことから、むしろ言葉としては〈カントリー・ハウス〉のほうが先にあったといえるでしょう。

またこの〈カントリー〉という言葉はカントリー・ジェントルマンの場合と同様、われわれのもつ〈田舎〉というイメージではなく、富と権力の象徴

ノーサンバーランド公爵家のタウン・ハウス　ストランド街

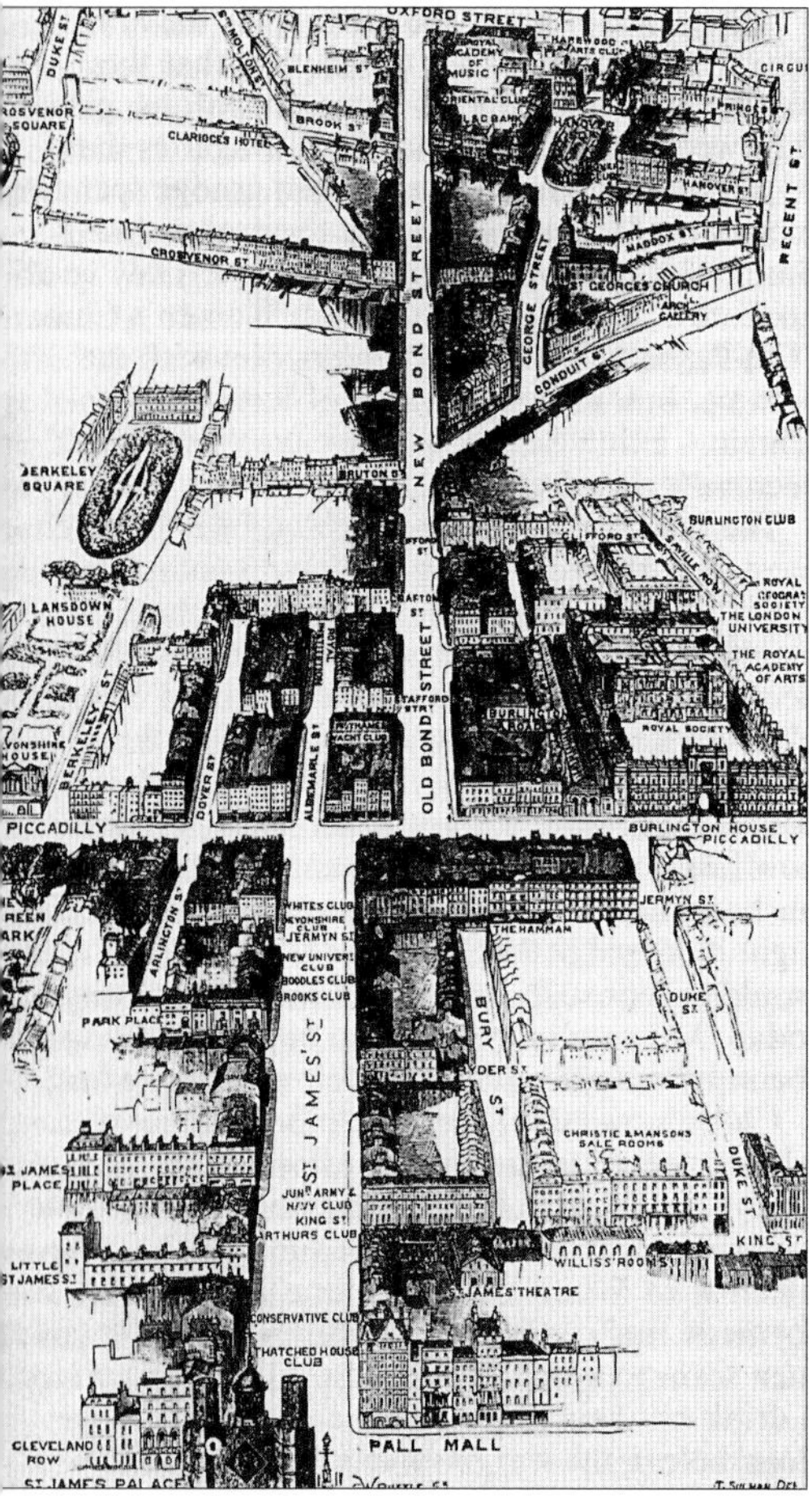

セント・ジェイムズ・ストリートと
オールド＆ニュー・ボンド・ストリート

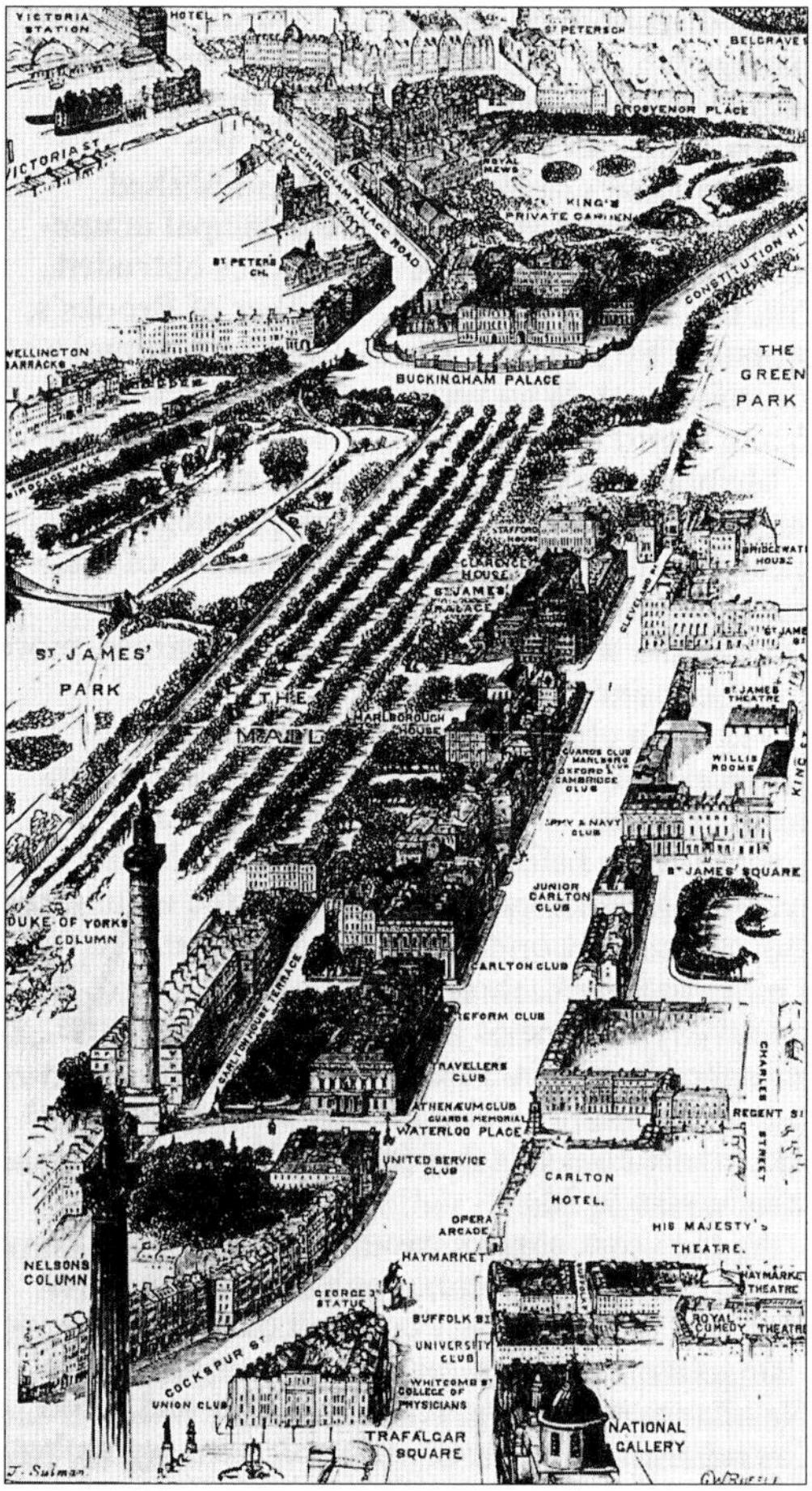

パル・マル街概観

である所領を暗示して、権力構造の上層に位置するそれらの家の主たちに対し、誇らかに冠された形容詞です。

クラブ

ジェントルマンズ・クラブ

ジェントルマンズ・クラブ（Gentle-men's club）は会員制で、ジェントルマン階級の男たちによって、一八世紀に設立が始まり、一八世紀末に中産階級のあいだで急速にその数を増しました。

当初は女子禁制で、メンバーになることはもちろん、構内に足を踏み入れることさえも、固く禁じられていましたが、一九八〇年代になってあらゆる分野において男女機会均等の機運が高まり、大半のクラブが、女性に対して長年の重い扉を開いて、会員として受け入れるようになりました。

初期のクラブはロンドンのウェス

ト・エンド、とくにセント・ジェイムズ・ストリートの南半分と、パル・マル(Pall Mall　クラバブル clubableといわれる通人はペル・メルと発音することが多いのですが、ポール・モールは誤り)に軒を連ねていました。クラブランド(clubland　クラブ街)と呼び、一八〇〇年代のピーク時には、その数は四〇〇に達したといわれています。クラブの隆盛と貴族の衰退とはほぼ両極にあります。

有名なクラブ、アシニーアム外観

　一八世紀も末になると、それまでの貴族の大地主に、産業革命によって財を成した産業資本家が新興のジェントルマン階級として登場し、自分たちもパイの分け前を要求します。そのうち最大のものは政治的権力で、従来の貴族の広大な領地がそっくり一つの選挙区(constituency)を形成しており、領主の思いどおりになるいわゆるポケット・バラ(pocket borough)でした。

　一八三二年の第一回選挙法改正法案の議会通過以降、たび重なる改正によって、選挙権をもつ市民の数は急速に増加し、その人たちは、上流階級の仲間入りをした気分で、その証《あかし》として既成のクラブに加入したり、新たに同じような仲間と新しいクラブを創設したりしました。

「私を会員にしてくれるようなクラブに、私は入りたくない——グルーチョ・マルクス」

ネコも杓子もクラブに浮かれている一方で、これに反発する人々もいて、後日彼らはグルーチョ・クラブ(Groucho Club)のような庶民的なクラブを立ち上げました。

ザ・ホワイツ入口に立つ、作家イーヴリン・ウォーの戯画

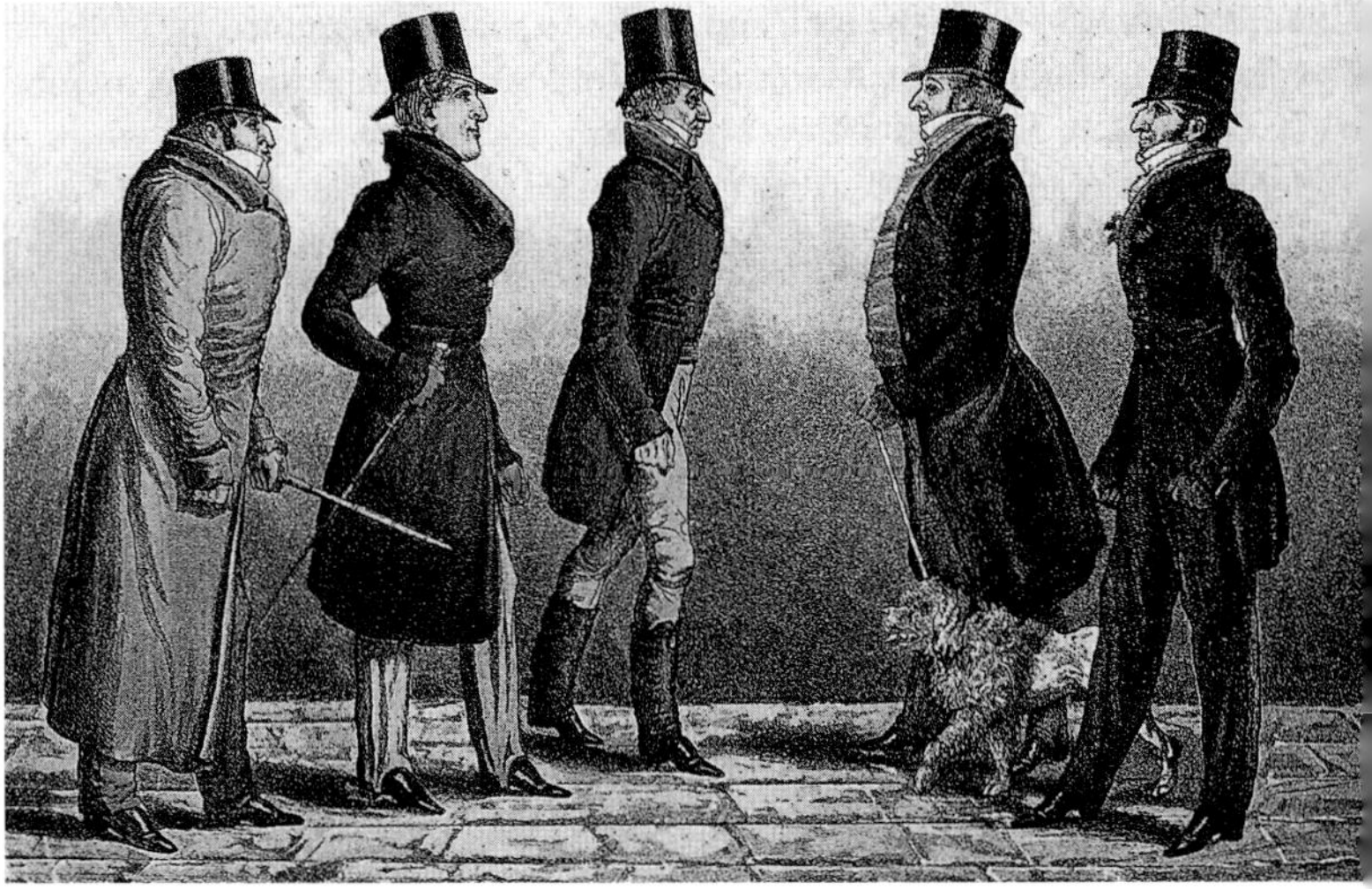

ボンド・ストリートの正装した紳士たち　1820年

その芽生え

起源といわれるものは、クラブが隆盛を迎える一世紀以上も前にさかのぼります。一七〇五年に会合の記録がありますが、最近の研究によれば歴史はさらに古く、名誉革命（一六八九年）以前といわれます。

当時の政権の主流であったホイッグ党（議会派の流れをくむのちの自由党）のモールバラ公爵、七代サマセット公爵、三代バーリントン伯爵、のちに内閣首班となるサー・ロバート・ウォールポールなどの貴族、ともに評論家、詩人で雑誌『スペクテイター』の編集者だったジョゼフ・アディスンとサー・リチャード・スティール、多くの有名人の肖像画を残したサー・ゴッドフリー・ネラー、建築家サー・ジョン・ヴァンブルー、作家で『ガリバー旅行記』の著者ジョナサン・スウィフト、劇作家サー・ウィリアム・コングリーヴなど、当代一流の文化人たちが、シティーの高等法学院テンプルズ・バー近くの旅籠（tavern）に集まり、亭主のつくる評判の羊肉のパイを楽しみ、当時美女の誉れ高い名流夫人たちに乾杯しました。

クリストファー・キャトリング（Christopher Catling）という亭主はパイ職人で、専門店ももっていて、その名から、キット・キャット・クラブと呼ばれることになったようです。

しかし、なんでもない仲間同士の陽気なざわめきのなかに、革命前夜の気配を読み取った人はほとんどいなかったでしょう。

007の国イギリス

この時代は清教徒支配の共和制の重苦しい空気から解放されたいわゆる「王政復古期」で、人々が自由で明るい空気を満喫していたのですが、ジェイムズ二世のカトリックの復権と、一七世紀末にはヨーロッパ大陸ではすで

ヴィクトリア朝のクラブ・メンバーたち

紳士用帽子の専門店　1880年頃

に主流となっていた、専制君主制の英国への導入に、強い危機感を抱いていたホイッグ党の貴族、ジェントルマン階級は、仲間の親睦の酒宴をよそおって、ジェイムズ二世の追放と、プロテスタントであるオランダのオレンジ公ウィリアムと、その妻でジェイムズ二世の娘メアリーを迎える、後世、名誉革命と呼ばれるクーデターに向けて、周到な計画をめぐらせていたのです。

クラブには表札も看板も出ていない

第一次世界大戦前、初老の男性たちが毎夜楽しそうに一軒の正体不明の家に出入りしているのを不審に思った警官が「これは売春宿に間違いない」と見張りを続け、ある晩、捜査に踏み込みました。

居心地のよさそうな居間には、四人の男がテーブルについていました。

「あなたはどなたですか」と老紳士の一人にたずねました。

「大法官（Lord Chancellor）です」

「そしてあなたは」

「カンタベリー大司教です」

「次は」

「イングランド銀行総裁です」

「ああ、するとさしずめ、あなたは内閣総理大臣ですな」

「いかにも私は総理だが」とバルフォア卿（Arthur Balfour）は答えました。

実際に現在にいたるまで、クラブには表札も看板も出ていないのです。

ウェリントン公爵と11代ウィンチェルシー伯爵（11th Earl of Winchelsea）の決闘
致命傷になる箇所はさけて、先に傷を負わせたほうが勝者となる
1829年

ロンドンの社交シーズン

自然を愛する英国貴族

ハンティング、シューティング、フィッシング

英国以外のヨーロッパ諸国の貴族、

上流階級は多くが王宮に住み込み、華やかに着飾って、舞踏会、大宴会を楽しむことを、無上の歓びとしました。

それに対して、英国の貴族たちは、

ューティングをするエドワード7世

フィッシングの様子

オペラの初日に友人と会う

チェルシー・フラワーショーで休憩する人々

ポロの観戦を楽しむ

オクスフォード対ケンブリッジのボートレース　テムズ川のパトニー橋から上流に向けてスタートする

都会を遠く離れた地方に有する広大な所領に構えた宏壮な邸宅カントリー・ハウスに落ち着いて、四月から九月まで、日が長く、草花も木々の緑も美しい季節を、ハンティング（hunting 狐狩りなど騎馬でおこなう）、シューティング（shooting 雉子、雷鳥など飛び立った野鳥をショットガンで射撃する）、フィッシング（fishing　所領内の川を遡《そ》上《じょう》してくる鮭や鱒を釣る）を愉しみました。

社交の場は野外へ

九月から翌年三月下旬までの国会のある時期は、ロンドンの社交シーズンになります。

第一次大戦以前に、多くの貴族たちは経済的にロンドンのタウン・ハウスを維持できなくなり、共通の会場を使わざるをえなくなりました。

しかし、ジェントルマン階級の数が増し、仲間の集まりが増えていき、とくに、王宮を使ったイヴェントの目玉である〈デビュタント（debutante　君主主催の、その年に社交界にお目見えす

ロイアル・・ファミリーの到着　ロイアル・アスコット

ウィンブルドン大会

ハンティング　狐狩りの様子

メイ・ボール（ケンブリッジ大学の学年末舞踏会　6月初め）で音楽の始まりを待つ人々

盛装のままグリーンでゴルフをする女性

ダービーの結果に祝杯をあげる人々

る上流階級の娘たちの祝宴と舞踏会）」が一九五八年をもって終わりを告げると、ロンドンの市内では十分なスペースをもつ会場を見つけることが困難となり、社交の行事は、ロイアル・アスコットやヘンリー・ロイアル・レガッタのように、都会を離れ、野外に移っていきました。

ドレス・コード

フォーマル・スーツ

フォーマルには「形式的な」、「儀式張った」という響きがありますが、本当の意味でのフォーマルは、「場の雰囲気に合った」ということなのです。宴会やパーティの招待状に、「ドレス・コード（dress code　服装の指定）」が記されているのは、「こういう服装をしなさい」という押しつけではなく、慣れない場所に出て行くときは誰でも「どんな服装をしたらよいか」気にな

ボーン子爵、のちの３代ソールズベリ伯爵ジェームズ・セシル
〜83） 1669年

４代リプルズデイル男爵トマス・リスター（1854〜1952）
自由党上院院内総務、侍従長を歴任
ジョン・シンガー・サージャント画 1902年

リントン伯爵家でのティー・パーティの様子 1720年

るもので、指定はむしろ親切な助言なのです。

貴族や上流階級の人々と違って、ロイアル・ファミリーが臨席する場にそれまで出る機会がなかった男性が、たとえばロイアル・アスコット競馬のロイアル・エンクロージャー（王室桟敷）にジーパンやTシャツで入ったとしたら、本人も周囲の人々も気まずい思いをするでしょう。

それゆえ招待状には、あらかじめグレーか黒のモーニングとチョッキ、トップ・ハットは必ず着用と書かれているのです。
逆にこの服装で、もう一つの夏の大きなイヴェントである、テムズ川上流のヘンリーで催されるロイアル・レガッタのスチュアーズ・エンクロージャー（役員席）に入るのは場違いで、ここではボーター・ハット（カンカン帽）と、自分の属するまたは属していたチームや学校のワッペンをつけたブレザーと白い木綿のズボンがふさわしいのです。

4代ペンブルック伯爵フィリップとその家族　ウィルトン・ハウス（Wilton House）　ヴァン・ダイク画

エリザベス二世の戴冠式をきっかけに

一九一四年から三〇年余未曾有《みぞう》の二つの大戦と大不況が相次ぎ、戦後もしばらくは物資の欠乏による困窮が続き、フォーマル・スーツなどを着る機会に乏しかったのですが、一九五三年、国民待望の慶事エリザベス二世の戴冠式《たいかんしき》がおこなわれました。

このとき何をどうすべきかを明快に示してすべてを取り仕切ったのは、一四八三年以降代々世襲で国家的祭事を指揮してきた紋章院総裁（Earl Marshall）ノーフォク公爵でした。一般の人は礼服をもっていなかったし、礼装に関する知識も十分にはありませんでした。

その用を達したのが、創業一八五一年高級貸衣装の老舗モス・ブロス（Moss Bros）でした。現在英国全土に一五〇の店舗をもち、最新最高の服と副装品すべてをそろえており、借り手は着たあとの手入れや収納のスペースが不要なので、利用者はかなり多いと見受けられます。

エレガントに着飾った人々でにぎわう、セント・ジェイムジズ・パーク　1860年

ハロッズの前で　1909年

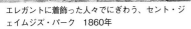

column

グランド・ツアー

その起原

ブリテン島は、ヨーロッパ大陸の西のはずれに位置して、ギリシア・ローマの古典文化、ルネサンスの大変革などの文明の潮流は、一番遅れて到達するという後進性に甘んじてきました。そのコンプレクスは、二一世紀の今日でも、英国人の意識のどこかに生きつづけているように感じられます。

イタリアの地図を精査する上流階級の子弟たち
1647年

しかし、エリザベス朝末期の一五八八年に当時世界最強の国スペインの無敵艦隊を撃破して制海権を握ったことで、東方貿易で急速に富と国力を増していきました。

一六〇〇年には東インド会社が設立され、商戦隊が七つの海を制しました。金のあるところには物資ばかりでなく、大陸から一流の芸術家も訪れます。

このような活況に水を差したのは、当時大陸で台頭してきた絶対専制君主に憧れた、スチュアート王朝第二代の君主チャールズ一世（在位：一六二五～四九）の議会無視に反発した議会派と、王党派の抗争です。

結果はクロムウェル率いる議会派の勝利で、一六四九年チャールズ一世は処刑され、王政は廃されました。禁欲的な清教徒支配の共和制の時代、目立つ行動を避け、じっと息をひそめて時機をうかがっていた富裕の貴族・郷紳《ジェントリー》

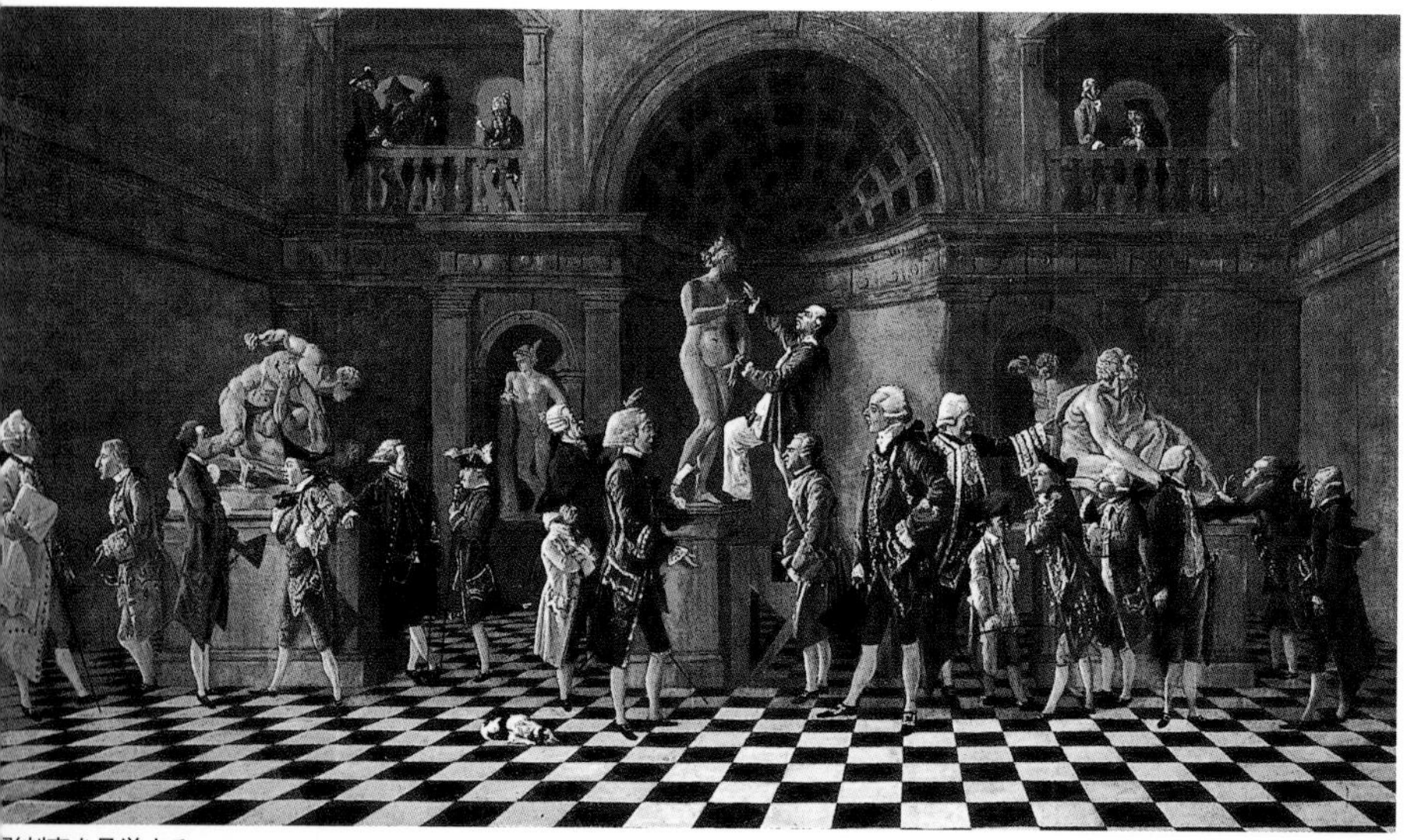
彫刻室を見学する

たちに一六六〇年王政復古とともに堰《せき》を切ったように、子弟をヨーロッパ大陸へ、教育の仕上げの長旅に送り出しました。

この大旅行のブームは一八世紀に入ってますますさかんになり、上流階級の男子教育の完成には必須のものと考えられるようになりました。

コースと編成

コースは時代による変遷がありましたが、ドーヴァーを出発してフランスのカレーに渡り、ここで何両もの馬車を仕立て、俗に〈ベア・リーダー〉（熊つかいの旅芸人）と呼ばれ、家庭教師と後見人を兼ねた若手の学者（『国富論』の著者アダム・スミスもこの役を務めた）、各種の使用人など、時には一〇〇人を超える一行を、多くの荷物とともに積み込んで、まずは一路パリに向かいます。

パリはこの旅行の最初で最重要の目的地でした。ヨーロッパでは東の端ロシアに至るまで、上流階級の共通語はフランス語であり、美しいフランス語

ウフィツィ美術館を見学する

を話し、宮廷風の身のこなしやファッションを体得することは、社交界においても、外交の世界でも、支配階級にとっては不可欠なものと考えられていたからです。

そのためにはフランスの貴族との交流の機会が大切ですが、話し方に関しては、もっとも模範的なフランス語を話すといわれるコメディー・フランセーズの俳優から、個人教授を受けることがしばしばおこなわれました。

パリで一、二年の修行を終えると、古代ローマの彫刻とルネサンスの絵画に対する目を養うために、北イタリアの都市フィレンツェ、トリノ、ミラノ、ピサ、パドヴァ、ボローニャ、ヴェネツィアを訪れ、ローマでは古代遺跡を見学、さらに南下してポンペイの遺跡まで足を伸ばしています。

一七一一年にナポリ湾に面した畑を耕していた農夫が大理石の破片を拾ったことが、紀元七九年ヴェズヴィオの大噴火による火砕流《かさいりゅう》と火山灰に厚くおおわれて、その存在さえも忘れられていた巨大なエルコラーノの神殿発掘の端緒《たんちょ》となりました。

それから約半世紀後、そこから十数キロ西の内陸で、ポンペイが発見され、古代遺跡発掘の一大ブームが起きます。イギリスの若さまの一行も、遺跡の見学と噴煙を吐き出しているヴェズヴィオへ冒険的登山も試みています。

一方イタリアではなく、ベラスケス、ムリーリョ、スルバラン、エル・グレコ、ゴヤを求めてスペインに向かう一行もありました。

アルプスを越えてイタリアをめぐった一行は、再びアルプスを越えてドイツ語圏に入り、インスブルック、ベル

アルプス越えの輿

のちのダンスタンヴィル男爵
フランシス・バセット
(Francis Basset,
1st Baron de Dunstanville
and Basset)
(1757〜1835)

リチャード・ミルズ
(1735〜1820)
以下の絵は当時ローマでもっとも人気の高かったポンペオ・バトーニが描いた上流階級の子弟たち
いずれも古代ローマの風景や古代彫刻などを背景に取り入れている

リン、ドレステン、ポツダムをめぐり、ミュンヘンやハイデルベルクの大学では学習を試みたりしています。最終的にはアムステルダムでオランダ絵画を楽しみ、海峡を渡り、大旅行は終了します。

大旅行のお土産

彼らは文字どおり「金に糸目をつけない」で高価な彫刻、絵画、古文書、タピストリーなどを大量に買い込んで帰国しました。

　これらの貴重な文化財が、大英博物館、ロイアル・アカデミー、ナショナル・ギャラリーなどの美術館ばかりでなく、今日もなお、その多くが家族の住まいとして受け継がれているカントリー・ハウスに収蔵され、訪れる人々の目を楽しませてくれます。

　とくに一七世紀西洋絵画に風景画というジャンルを確立したクロード・ロラン、ニコラ・プサンの古代神話にもとづく風景画は、もちかえった彼らやその子孫たちによって、一七六〇年以降彼らの館の広大な敷地全体を使って、「イングリッシュ・ガーデン」と呼ばれる風景庭園にそのまま再現されました。

　第三代バーリントン伯爵、のちに初代レスター伯爵に叙せられるトマス・クック、イタリアで画家の修行をしていたウィリアム・ケントはグランド・ツアー仲間として生涯親交を保ちますが、建築、美術をただ楽しむのみにとどまらず、三人協同でノーフォークに、英国パッラーディオ様式の先駆となるクックの屋敷〈ホーカム・ホール〉を設計しました（六四頁参照）。

　ヴェネツィアの風景を描いたカナレットの絵は、今日の絵はがきのように旅の記念に大量に買われたので、国中どこのカントリー・ハウスに行っても見かけるほどで、ベッドフォード公爵

サー・ウィリアム・ウィン准男爵（1749〜89）、
トマス・エイパリー（1734〜1819）、
サー・エドワード・ハミルトン海軍大佐（1772〜18

邸ウーバン・アビーの応接間は、第四代公爵がヴェネツィアで自ら注文した二五枚が壁を埋めつくしています。

　また、当時評価の高い画家に、自分の肖像画を描かせることも流行していました。一八世紀ローマでもっとも有名な歴史画の巨匠ポンペオ・バトーニ（Pompeo Batoni　一七〇八～八七）は、日本ではほとんど知られていませんが、これらイギリス人子弟の肖像を古代ローマの風景をバックに、ローマ風の装束をまとわせて描いています。

グランド・ツアーの終焉

　一八世紀末フランス革命の勃発とそれに続くナポレオンのヨーロッパ征服による混乱で、ヨーロッパ内での移動がかなり制限を受けたので、長期の旅行は減少しました。

　一九世紀の半ば以降、鉄道網の急速な普及により、安く、速く、安全な旅が可能になり、莫大な費用をかけた大名行列のような団体旅行は短時日《たんじじつ》で消滅しました。

サー・ウィンダム6代アンストラザー准男爵
(1737～63)

ウィリアム・ゴードン大佐
(1736～1816)

第3章

英国貴族とは

ハットフィールド・ハウスでのガーデン・パーティ　1899年
左がジョージ皇太子、のちのジョージ５世、
中央はプリンス・オブ・ウェールズ

貴族とジェントルマン

嫡男を得ることが最大の願望

制度上では、公爵（Duke）、侯爵（Marquis　英国ではMarquessが一般的）、伯爵（Earl　英国以外ではCount）、子爵（Viscount）、男爵（Baron）の五段階の爵位をもつ男子で、爵位は終身で、亡くなるとその人に一番近い血縁の男子が爵位を継承することになっていますので、当主にとって嫡男《ちゃくなん》を得ることは最大の願望です。したがって長男をエア（heir　継承者）、次男を俗にスペア（spare　予備）と呼びます。

しかし、それまでの君主と側近の枢密顧問団による密室政治に代わり、一七二一年にロバート・ウォールポールによる責任内閣制が成立すると、政党の資金集めに爵位が乱発されることになりました。この傾向は持続し、爵位のインフレをもたらしましたが、一九五八年に終身貴族法が批准され、以後は原則として一代限りの男爵位のみが授けられることになりました。

しかし、「貴族がゆえに尊からず」で、本当に社会の尊敬と信頼を受け、英国社会の背骨を形成し、牽引役を務めて来たのは、何代も時には数世紀も続く家柄で、かつ紋章を許されているのが、ジェントルマン階級です。

昨日までは普通の人が授爵した日から貴族になりますが、ジェントルマンは幾世代にもわたって、世間が認める家系でなければなりません。

紳士は自分の本拠地に相当な土地を所有する地主であることが多く、彼らはカントリー・ジェントルマン（日本語の「田舎紳士」とはニュアンスが異なる）と呼ばれ、近世英国、とくに一八、一九、二〇世紀を通じて国のバックボーンとして国を支え、導いてきました。

彼らが所有する広大な土地は農地、牧草地であり、彼らの職業はファーマー（農場主）です。英国の職業のランクの最上位はファーマーなのです。ちなみに英国最大のファーマーは王室です。今日でも、金融や産業のさまざま

ハットフィールド・ハウスでの宴会　ヴィクトリア女王が1846年に訪れたときの様子　女王の席は右に設えられた

エリザベス朝時代のチャツワース

な分野で功なり名を遂げた男たちの理想のゴールは、地方に農地を取得して、ファーマーの仲間入りをすることです。

　ふだん敬意を払われ特別な扱いを受けている彼らには、古くからノブレス・オブリージ（高貴なる者の責務）という不文律があり、国家や共同体に不時の災害や戦争など危急存亡《ききゅうそんぼう》の事態が発生したときには、まずわが身の危険を顧みず、先頭に立って解決に当たる伝統があります。

　二〇世紀前半に起きた二度の大戦においても、上流階級の戦死者比率は、庶民のそれをはるかに超えていました。その結果多くの貴族の家で、将来爵位を継ぐべき長男が戦場に散り、スペアである次男まで戦死して、爵位の継承権は叔父や従兄弟に移った例が少なくありません。

　さらに、当主は広大な領地に建つカントリー・ハウスと呼ばれる壮麗な家に安閑《あんかん》と収まりかえっているわけではなく、その地域の振興のために会長や総裁として無料奉仕にさく時間はかなりのもので、また広い敷地の整備と家の維持、補修に費やす巨額の経費は、すべて自らの事業収入で賄わなければならないのです。

上流階級の教育

パブリック・スクール

　貴族、上流階級の学校といえば、ほとんどの人がイートン（Eton College）を、思い浮かべるでしょう。

　イギリスの上流、知識階級の子弟は、中等教育を公立校（state school）ではなく、私立校（public school）で受けることが多く、パブリック・スクールは寄宿制で、一三歳から一九歳頃まで、多感な思春期の大部分を、年三回の休暇と学期の半ばに設けられたハーフ・タームと呼ばれる数日の休みを除いて、家庭を離れてすごすのが主流でした。

その生活と規律

　食事をはじめ、生活は極端に質素で、しつけはきわめて厳しく、規則に違反すると、容赦なく罰があたえられます。第二次大戦以前には、鞭《むち》でお尻をたたく体罰が日常的におこなわれていました。

　六年間この生活に耐えることができれば、世界のどこでも、いかなる環境にも耐えられるといい、一九世紀大英帝国を築きあげたのは、彼らの力に負うところが大きいと言われる所以でしょう。

　イートンのほかにもウィンチェスター、ラグビー、ハローといった名門校が、多くの人材を輩出《はいしゅつ》していますが、これらは最初からエリートを集めて教育するために始められたのではなく、中世末期に近い一三八二年、古都ウィンチェスターの司教ウィリアム・ウィカム（William of Wykeham, Bishop of Winchester）が、貧しくて教育を受けられない七〇名の世俗の男児を集め、衣食住などすべての費用を負担して、教育を与えた慈善事業でした。

　これら七〇名の奨学生は現在も「スコラー」（Scholar）と呼ばれ、人数も変わりなく、高額な学費を支払う富裕層の子弟は「コモナー」（Commoner）と呼ばれています。ウィカムは奨学生たちに、さらに高度の教育を与えるため、これもウィカムが費用の全額を負担してオクスフォード大学に「ニュー・コレッジ」を創設しました。

　その半世紀後の一四四四年に、時の国王ヘンリー六世が、ウィカムの功績にあこがれ、王室の居城ウィンザーのテムズ川の対岸にあるイートンという小さな町に、同数の七〇名のスコラーを募り、さらに高等教育のためケンブリッジ大学に「キングズ・コレッジ」を創設しました。

トマス・アーノルドの改革

　しかし、その後これらの学校が、順調に発展をとげてきたわけではありません。子どもから大人に成長していく一〇代という時期に、とくに男子には暴力、いじめはつきものですが、これが寄宿学校の雰囲気を間違いなく不愉快なものにしていました。

　一八二八年、ラグビー校校長に就任するや、この悪に敢然と立ち向かって、革命的な成果をあげたのは、詩人で評論家マシュー・アーノルドの父トマス・アーノルド（Dr. Thomas Arnold 一七九五〜一八四二）でした。彼はキリスト教の厚い信仰をもって教育にあたりましたが、生徒をふくめ他人の人間性や人格を重んじました。

　彼がまず手をつけたのは、上級生が責任をもって下級生たちを指導していく寄宿舎の自主管理でした。

　次に補助教員の待遇改善です。寮生たちの世話で過重な労働を強いられながら、過度の低賃金に甘んじていました。博士はこれを正当な額に引き上げ、その経済的負担を補うために、学費の大幅な引き上げを断行しました。もちろん最も大切な生徒に対する教育は、厚い信仰心をもとに、情熱を傾けておこないました。いかなる種類の改革も、多くの根強い反対にあうものですが、彼はそれら反対者を根気よく説得していきました。

　世間の人々も、パブリック・スクールに対する認識を改め、立派な教育機関であると評価して、競って子弟を送るようになりました。

　イートニアン（Etonian）と呼ばれる貴族的なイートン校出身者、ウィカミスト（Wykehamist）と呼ばれるアカデミックなウィンチェスター出身者の特徴がはっきりするのも、この頃からではないかと思われます。

　アーノルド博士が在任中にラグビー校に学んだトム・ヒューズ（Thomas Hughes）が書いた『トム・ブラウンの学校生活』は、パブリック・スクールを扱った小説の第一号で、舞台、映画、テレビなど、さまざまなメディアで扱われました。その後パブリック・スクールを舞台にした小説は何冊も出版されましたが、今日もなお版を重ねているのは、この本と、一九三〇年代に出版されたジェイムズ・ヒルトンの『チップス先生さようなら』（James

映画「チップス先生さようなら」より
写真協力　財団法人川喜多記念映画文化財団

出版のご案内

2024年2月

ゆるく生きれば楽になる

60歳からのテキトー生活

和田秀樹

「手抜き」「いい加減」で
ちょうどいい!

細かいことは気にしない。
心がスッと楽になる生き方。
最高の老後を送るための、
心と身体の生活習慣!

大ベストセラー
『80歳の壁』
著者の最新刊

河出新書
●予価968円(税込) ISBN 978-4-309-63173-8

河出書房新社 〒151-0051 東京都渋谷区千駄ヶ谷2-32-2
tel:03-3404-1201 http://www.kawade.co.jp/

パラレル・パスポート

尾崎将也

漫画家を夢見る絵衣子は、謎の女に支えられて努力を続けるが、突如盗作疑惑が巻き起こる。はたして父の失踪、母の病を乗り越えて、成功を掴めるか？　大人気脚本家が放つ青春小説第二弾！

▼一七八二円

無限の正義

中村啓

娘が人を殺した。父親は……警察官だった。家族を守る。それに勝る「正義」はあるのか？　罪が罪を呼ぶ。ドラマ『パンドラの果実』の原作者が贈る、怒涛のエンターテインメント大作！

▼一九八〇円

国境と人類

文明誕生以来の難問

ジェイムズ・クロフォード　東郷えりか訳

難民、パンデミック、気候変動……すべては国境問題につながる。人類にとって「国境」とは何か。古代の戦跡から、パレスチナ、トランプの壁、解ける氷河まで、歴史的転換点の現場で考える。

▼三四九八円

Hilton: *Good-bye, Mr. Chips*) だけのようです。

パブリック・スクール出身者の特徴

まず、パブリック・スクール・アクセントと呼ばれる言葉のアクセントです。イギリスは日本よりも小さい面積に、人口が半分強の国なのに、訛《なまり》の種類の多いのには驚きます。しかしパブリック・スクールでは国中の各地から来ている生徒たちが、皆同じアクセントで話します。学校によって、主に用語に少し違いがあります。このことを念頭におくと、ミュージカル「マイ・フェア・レイディ」の冒頭、教会の柱廊で雨宿りをしているヒギンズ教授とピカリング大佐のやりとりのおかしさが理解できるでしょう。共通のアクセントで話す人同士が仲間になることは、ごく自然な傾向でしょう。

映画「チップス先生さようなら」より
写真協力　財団法人川喜多記念映画文化財団

一目でわかる外見の特徴として、背筋がスッと伸びた姿勢の良さがあります。レセプションの折など、右手にグラスを持ち、空いた左手を背後にまわし、顔をまっすぐ相手に向けて話す姿は、実に快いものです。

また、最低週一度は家に、そして、世話になった人には時間をおかずに手紙を書くことを義務づけているので、お茶や食事に招いたあと、パブリック・スクール出身者は、ほとんど例外なく礼状をくれます。

女子の教育

学校や義務教育がもっとも早く始まったイギリスでも、女子の初等、中等教育は家庭でおこなうのが一九世紀末までの伝統で、富裕の貴族やジェントリーの家には、育児室 (nursery) と並んで、教室 (school room) とガヴァネスの寝室 (tutor's bedroom) が設けられていました。

男児がプレップ・スクール (prep school)、八歳から一二歳の原則寄宿制の小学校や、パブリック・スクールに行くようになっても、女子は二〇世紀の初め頃までは家庭で、学習と淑女《しゅくじょ》に不可欠な作法や、ダンス、裁縫、料理などの習いごとをしてすごしました。

子女がはじめて学校に通うようになるのは、一九世紀末から二〇世紀初めに、婦人参政権運動 (suffrage) の先覚者たちサフラジェット (suffragettes) の影響によるものです。

現在の状況

名門のパブリック・スクールでは、何代にもわたって同じ学校に行くことが、当然のことのようになっている人々が、依然として多数を占めています。

しかし、基本的には農業国であるイギリスが、EUへの加盟によって、安い農産物の輸入が自由化され、大地主である貴族、支配階級の基盤がゆらいだことと、二〇〇〇年七月のアメリカの金融崩壊のあおりで、シティーにおけるロイズ(Lloyds)のネームのような、無限責任を前提とした破格ともいえる高利回りの資金運用の制度も破綻をきたしたので、今までとはまったく視点を変えて所領(estate)の経営を模索することが、急務となりました。

第二次大戦後、政権の座についた労働党内閣の社会主義的政策により、未曾有の危機に遭遇した所領の経営を救うため、先々代が世間の批難、嘲笑に耐えて、いわゆるカントリー・ハウス・ビジネスを始めたベッドフォード公爵家は、先代はスイスの中学校からハーヴァード大学で金融、経営を学んだあと、シティーで有能な金融マンとして活躍しました。早くから父の所領経営を受け継いでゴルフ場経営などをおこない、ウーバン(八六頁参照)に一大テーマパークを建設するという壮大な計画の実現に全力をつくしましたが、過労がたたって、五〇代初めに脳梗塞で倒れ、彼の志は、現当主アンドルーに引き継がれることになりました。

アンドルーはハロー校に入学しましたが、中退してスイスの学校に移り、父ロビンと同じくハーヴァードに学びました。アンドルー自身も、この選択は正しかったといい、ハローという小さな世界の仲間同士でかたまるよりも、ずっと多くの知り合いと、はるかに柔軟で、多角的な発想が得られたと、述べています。

国会の開会式に出席する
当時14歳の16代ノーフォーク公爵
1923年

アスター男爵夫人ナンシー　家族とともに
1913年

社会構造のピラミッド

富の差は縮小

英国の社会構造は王室を頂点としてその下に少数の貴族を含む上流階級と「エジュケイテッド」(educated)と呼ばれる、高等教育を受けた知的職業の人たち、そのほか大多数の一般人勤労者(現在でもワーキング・クラスという名称が使われている)が存在するということは、今日もあまり大きくは変わっていないと思われますが、第二次大戦以前と比較して、富の差ははるかに縮小したといえるでしょう。

一九五四年、バーミンガム大学言語学教授アラン・ロスがUとnon-U(Uはupper上流、non-Uは非上流の意)を発表、「上流・非上流の違いは使用する単語や表現の違いがある」と指摘して、当時の社会にセンセーションを巻き起こしました。

たとえば非Uがトイレ、鏡、ジャムのことをtoilet, mirror, preserve、Uはloo, looking-glass, jamという類《たぐい》をさします。

今日では貧富の差はいっそう縮まり、言葉、教育に対する熱意の違い以外に顕著な違いは見当たらなくなったといわれています。しかし、文化と言語と流行は、依然として上から下に浸透していくという古来からの傾向には変わりがないようです。

メラスティンのハディントン伯爵
緑色のゴム長靴を着用している

スローニー

一九八〇年前後から、ファッショナブルで若者に人気のチェルシーのキングズ・ロード東端のスローン・スクエア（Sloane Square）周辺に、のちの故ダイアナ元皇太子妃、アンドルー王子妃セーラ・ファーガソンなど上流階級の子女たちが住むようになりました。

彼らは西部劇の主人公ローン・レンジャーをもじってスローン・レンジャー（短縮してスローニー）と呼ばれ、彼らの好みの服装が、若者の流行の指標となりました。

バーバー社（Barbour）製の蠟引き野外用ジャンパー（Moorland Jacket）や緑色のゴム長靴などの着用は、今朝田舎の所領《エステイト》の牧草地から戻ってきたばかりという雰囲気を漂わせる趣きがありますが、日本と違うところは、猫も杓子もこれを着たがるのではなく、U以外は絶対にこれらを着用しないことです。

にもかかわらず、四半世紀すぎてもバーバーの人気が衰えないのは、かつてのスローニーたちに、メディア関係、ジャーナリスト、広告代理業、画廊経営者などが多く、居住範囲もチェルシーを抜け出して、かつては人があまり近づきたがらなかった都心から北のノッティング・ヒルなど他の地区にも広がっていったことによるのでしょう。

世襲貴族

本来貴族は世襲ですが、最高裁判所に相当する貴族院の上訴裁判を担当する法律家（law lord）一一人と、一九五八年制定の「終身貴族令」によって受爵した一代かぎりの男爵（life peer）がいます。しかしそのなかには元炭坑労組委員長もいたりして、貴族的なイメージにあわないので、一般には世襲貴族と区別して考えられています。

オクスフォード大学出版局・一九八七年刊の『英国辞典』（Dictionary of Britain）によれば、英国の世襲貴族（hereditary peer）の数は、女王の夫君エディンバラ公や、次男ヨーク公のような王室公爵（Royal Duke）五、公爵二六、侯爵三六、伯爵一九二、子爵一二六、男爵四八二、女性伯爵五、女性男爵一三となっています。

他のヨーロッパ諸国との違い

英国特有の厳格なルール

英国の支配階級は、君主と王室を頂点とするピラミッド形の階級構造が破《は》綻《たん》をきたさないように、つまり最上層の貴族階級がバブルのようにふくれあがらないよう、綿密、巧妙に、厳格なルールをつくりました。

きわめて複雑で、部外者にはわかりにくいしくみですが、外国との比較でその特徴を二、三あげれば、まず爵位の保持を当主一人に限定すること、次に爵位の継承はもっとも近い血筋の年長の男子がおこなうこと、つまり皇位の継承と同じ順位です。日本の家系のように、血縁でないものを養子に迎えて、爵位や所領を継承させることは許

されません。

複数の爵位をもつ人も

英国の爵位は下位から順次上位のものが与えられます。

たとえば、「ヘンリー第十代エクセター伯爵、初代侯爵」とあれば、複数の爵位を持っているということで、侯爵を授かったからといって、伯爵以下の位が消滅するわけではなく、二つあるから一つの爵位を息子や弟に譲るというわけにはいかないのです。

名目だけの爵位
カートシー・タイトル　Courtesy Title

父親の二番目の爵位を名乗る

爵位は当主だけのものなので、その相続人である息子も、厳密には父親が亡くなる瞬間まで法的には貴族ではありませんが、父親の二番目の爵位を名乗るのが慣例です。

ランズダウン侯爵の長男チャールズはシェルバーン伯爵を名乗っていても法的には平民で、貴族院議員の資格はなく、逆に衆議院に立候補する資格がありましたから、実際に衆議院議員として政治活動をおこなっていました。

次男、三男には分け前はない

所領も年長の男子の相続で、次男、三男には分け前はまったくありません。わずかな生活費をもらう部屋住みの身分を潔しとしない、気骨ある次男以下の男子が家を出て、学者、法律家、軍人、実業家、あるいは植民地の経営者として活躍したことが、一八、一九世紀における英国の繁栄に大きく貢献し

ム・パレス　西側のウォーター・テラスの
工事の様子　1920年代

たとする見方もあります。

古今東西を通じて、富と財力が権力の維持に欠かせないものでしたから、かぎられた数の、桁はずれの富を有する貴族たちの権力の寡占による強力な支配構造の維持が一八、一九世紀の英国の繁栄を支えたといえるでしょう。

一方、他のヨーロッパ諸国では、父子、兄弟が同じ爵位を名乗り、相続も分割方式をとったために、爵位のインフレが起こって権威が低下し、所領は細分されて価値が下落しました。ふくれあがった上流階級は、それでも安逸《あんいつ》を貪《むさぼ》りつづけ、勤労を蔑視して、勤労者階級の負担はますます重くなり、ついに古い体制は崩壊に向かって歩を速めたのです。

サー（sir）は貴族ではない

貴族ではありませんが、爵位と同じように、首相の推薦により君主から授与される称号に、バロネット（baronet）、ナイト（knight）があります。
ともに氏名の前に尊称 Sir をつけますが、前者は世襲で、後者は一代かぎりです。バロネットの場合、ナイトと区別したいときには、Sir Marcus Worsley, Bt. または Bart. と表記します。夫妻を一緒に表記するときは、Sir David and Lady Wright とします。Sir にはかならず名前がつづき、直接姓がくることはありません。

呼称はきわめて複雑

紋章院と協議

爵位の呼称は紋章院（College of Arms）という役所と協議して決めます。多くは自分の苗字とは別の、ノーサンバランド公爵（The Duke of Northumberland）のような本拠に近い地名（本来は領地の）をとりますが、故ダイアナ元皇太子妃の父（現在は弟）の爵位名、スペンサー伯爵（The Earl Spencer）のように、苗字をそのまま名乗るケースもあります。

ウェリントン公爵の葬列　1852

いずれの場合もご当主はロード（Lord）をつけて呼ばれます。また、名目爵位を名乗る長男も同様ですが、公爵と侯爵の次男以下はロードに名前（苗字ではなく）を、伯爵、子爵、男爵の息子の場合には、ジ・オナラブル（the Honourable）をつけます。女子の場合は少し異なって、公爵、侯爵、伯爵の娘はレイディー（Lady）を、子爵、男爵の娘はジ・オナラブルを名前の前につけます。

『ブライヅヘッドふたたび』では

カントリー・ハウスや貴族を語るときしばしば引用されるイーヴリン・ウ

ォーの小説で、テレビドラマとしても好評を博した『ブライヅヘッドふたたび』（Brideshead Revisited 一九八二年 市販のヴィデオの邦題は『華麗なる貴族』）を例にみてみましょう。

英国のカントリーサイド（country-side）が性にあわず、一七世紀末に先祖が中世の城をバロック様式に改装した「ブライヅヘッド城」とロンドンの住まい「マーチメイン・ハウス」を家族に残して、愛人とともにヴェネツィアで隠遁生活を送るマーチメイン侯爵はロード・マーチメイン（Lord March-main）、敬虔なカトリックである美しい夫人はレイディー・マーチメイン、長男の名目爵位ブライヅヘッド伯爵はロード・ブライヅヘッド（家族はブライディーという愛称で呼ぶ）、次男のドリアン・グレイ的な美少年はロード・セバスティアン、その妹で社交界にデビューしたばかりの美少女はレイディー・ジューリアと使用人たちは呼んでいます。

しかし、幼児の頃、侯爵夫人に代わって子どもたちを育てた乳母ミセス・ホーキンズだけは、ロードやレイディーをつけずに、彼らの名前を呼び捨てにします。

16代モールバラ公爵とその夫人
ジョージ６世の戴冠式のための正装
1936年

公爵閣下は別格

ヨー・マジェスティ

日本語にも、陛下、殿下、閣下という類の敬称がありますが、これらの「下」は、身分の高い人を直接名指すのをはばかって、その人の足下をさすという意味なのだそうです。

これと似た、へりくだった用法が英語にもあって、女王への直接の呼びかけなら、初めは“How d'you do, Your Majesty.”のように「ヨー・マジェスティ」、二度目からは“Yes, Ma'am”のように「マーム」。Ma'amはMad-amの短縮形ですが、だからといって、「マダム」と言ってはいけないのだそうです。

なぜか？ 以前、娼家の女将をMad-amと呼んでいたので、「まさか女王陛下に同じ音でお答えするわけには」というわけです。

ヨー・ハイネス

王室の男子の場合、最初は「ヨー・ハイネス」（Your Highness）、二度目からは「サー」といいます。

三人称で使用する場合はそれぞれ「ハー・マジェスティ」（Her Majesty）、「ヒズ・ロイアル・ハイネス」（His Royal Highness）となります。

同様に貴族の場合、「ヨー・ロードシップ」（Your Lordship）、「ヨー・レイディーシップ」（Your Ladyship）といいますが、女王陛下もとくに「マイ・カズンズ」と呼びかける公爵だけは、「ヨー・グレイス」（Your Grace）と言います。

第4章

名家探訪

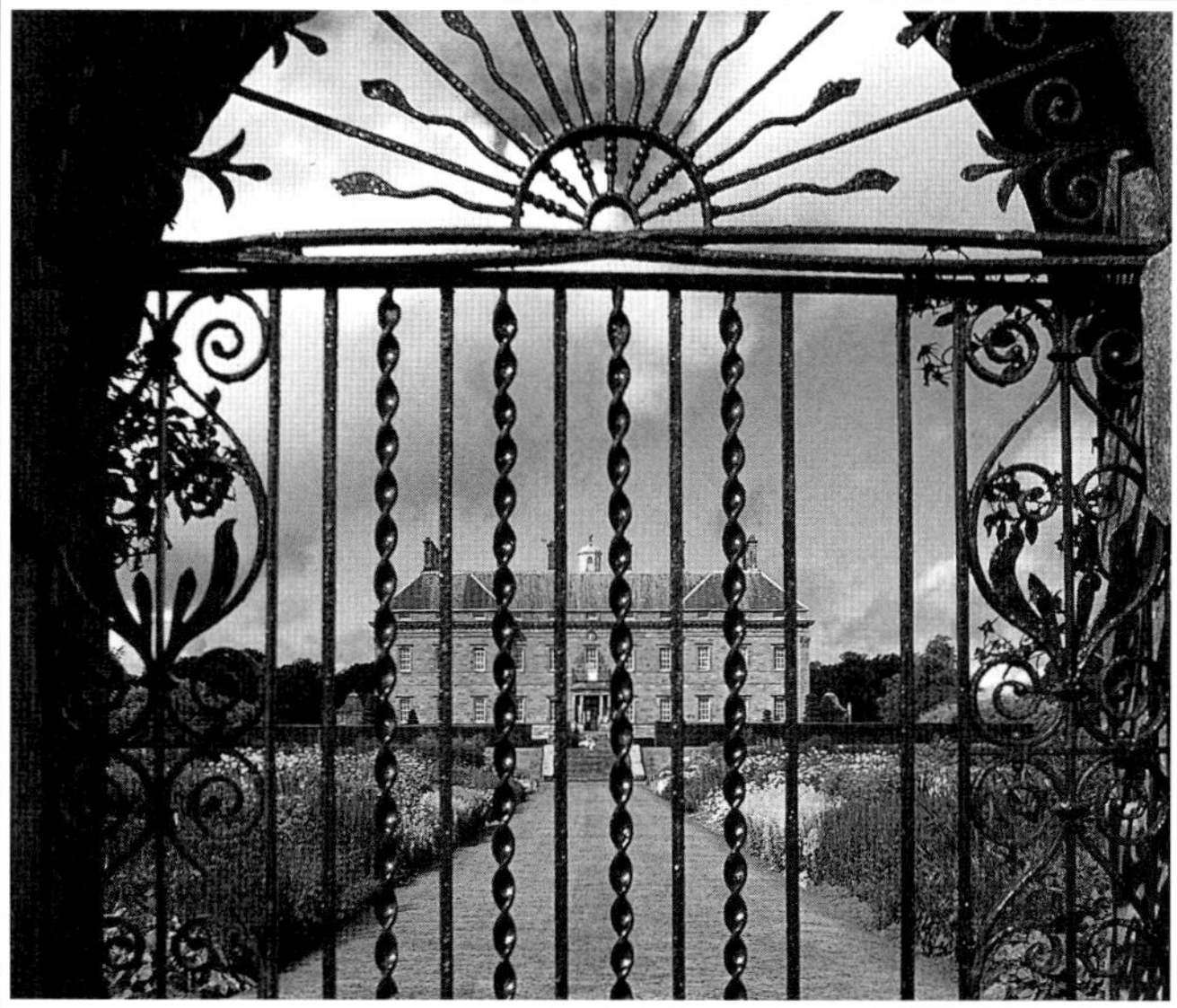

キンロス・ハウス（Kinross House）

ホーカム・ホール
——レスター伯爵家

Holkham Hall
The Earl of Leicester

仮の爵位

英国には、"Courtesy Title"(カートシー・タイトル)という独特の慣習があります。長男は父親のもつ二番目の爵位を名乗るというもので、それは正式な爵位ではありません。父親が没した時点で、長男は父のもっていたすべての爵位を正式に継ぐことになります。

レスター伯爵家の場合、家系上の家長は七代レスター伯爵(The 7th Earl of Leicester 一九三六~)ですが、七〇歳になったのを機に伯爵は館〈ホーカム・ホール〉を長男のクック子爵トマス(Thomas, the Viscount Coke)に譲り、自身は領地内の小さな家に移り、領地の経営について必要があれば助言を与えています。したがって現在の事実上の当主トマスが名乗っている爵位は仮のものということになります。

レスター伯爵家の所領〈ホーカム・ホール〉のある場所は"Wells-next-the-Sea"という地名が示すように、きわめて海に近いのです。冬場は、遠くシベリアから北海を渡って塩分を含んだ寒風が吹きつけます。

不毛の土地に

この館が建つ以前、今から二五〇年前には、海に向かってゆるく傾斜したクック家の領地には樹木が一本もなく、草は羊に食べつくされていました。

初代レスター伯爵、トマス・クック

ここを通った旅人が「一片の草の葉を二羽の兎が奪い合うほどの不毛の土地」と記しています。壮麗な館を築くのにはもっとも不向きだと思われたこの土地に、時代の象徴となるパッラーディオ様式(イタリアの建築家アンドレア・パッラーディオが古代ローマ建築を研究し、つくりあげた復古様式のこと)の家を建てたのは、若きトマス・クック(Thomas Coke 一六九七~一七五九)、のちの初代レスター伯爵でした。

クックはわずか一〇歳でホーカムの土地を含む莫大な財産を相続し、まもなく当時の富裕階級の子弟の常として、家庭教師つきでグランド・ツアーに出されました。

グランド・ツアーで古典芸術を学ぶ

流行とはいえ、こういった試みは実りない無駄遣いに終わることが少なく

マーブル・ホール

ホーカム・ホール　正面と噴水

ありませんでしたが、クックは生来美術を見る眼をもっていたため、古典芸術の教養を深めたばかりでなく、旅行中のちの三代バーリントン伯リチャード・ボイル（Richard Boyle, 3rd Earl of Burlington　一六九四～一七五三）と一八世紀前半建築・内装・家具のデザイナーとして名を馳せたウィリアム・ケントという生涯の友を得ました。ホーカム・ホールはこの三人の男たちの友情の果実といえます。

　クックがイタリアから帰国して一五年後の一七三四年、この館を建築するための準備は整いました。ケントの原案にもとづいて、地元の建築家マシュー・ブレティンガム（Matthew Bret-tingham）が施工図面を引きました。

　また、ケントは庭園（park）の斜面の頂上にオベリスクを築き、周囲にブナの木立ちとナラの若木を植えました。次に、オベリスクから門に向かうトキワガシの並木道を整備し、家自体の建設が始まりました。

　ケントの原案では、母屋の南面の外壁はすべてラスティケイション（粗石積み）で、主要階（piano nobile）への一対の外階段も描かれていました。しかし、実行された粗石積みは一階のみで、外階段は実現しませんでした。また、この館から直線距離で約二〇キロしか離れていないハウトン・ホール（Houghton Hall）はこの家の建築に大きな影響を与えたといわれていますが、ハウトンが石造りにこだわったのと対照的に、ホーカムはすべてレンガ造りです。

　この家の外観でなんとも奇妙なのは正面にあたる北面です。その救いようのない退屈な様相を「スペインの監獄のようだ」と譬《たと》えた人もいるほどです。

最大の見せ場、マーブル・ホール

　しかし中央入口を入った瞬間、この家の最大の見せ場であるマーブル・ホールが眼前にあらわれます。『ウィトルウィウスの建築書』（ローマ時代の建築学をまとめたもの）にならったアンドレア・パッラーディオ（Andrea Palladio　一五〇八～八〇）の「正義の神殿」のデザインを模したもので、天井はイニゴ・ジョーンズ（Inigo Jones 一五七三～一六五二）のデザインをとっています。フレーティング（たての

ホーカム・ホール　大広間

渦）を施したイオニア式円柱に大理石ではなく、実はダービシャー産のアラバスターです。

この時代になると、カントリー・ハウスはしばしば、住宅としてよりも蒐《しゅう》集《しゅう》した美術品を陳列する美術館としての機能をもつようになっていました。ホーカム・ホールも、初代伯爵とその子孫たちが集めた膨大な美術品と書籍の宝庫です。

「彫刻のギャラリー」（The Statue Gallery）を飾る数々のローマ彫刻の名品、「風景の間」（The Landscape Room）の数点のクロード・ロラン（Claude Lorrain）などは、トマス・クックがアルバーニ枢機卿から一七五四年に買い取ったものの一部です。

またブラウン・ステイト・ベッドルーム（Brown State Bedroom）にあるバスティアーノによるミケランジェロ作「カッシーナの戦い」の下絵の模写は、フィレンツェのヴェッキオ宮殿でレオナルドと対をなす壁画が破棄されてしまった今日、現存する唯一の資料として貴重な作品です。

屋敷が美術館のようになっても住まいでなくなったわけではなく、南面右手の別棟は当初から家族の居住区として設計されたものです。

ホーカム・ホール　クロード・ロランの風景画が壁を埋めている

二人目の初代レスター伯

初代伯爵トマス・クックは、彼の嗣子に子ができないまま没しました。このため爵位は、一七五九年トマスの死で廃されました。その約八〇年後、姪の子のトマス・ウィリアム・クック（Thomas William Coke　一七五四〜一八四二）に同名の爵位（The 1st Earl of Leister of 2nd Creation）が授けられ、二人目の初代レスター伯爵が誕生しました。

トマス・ウィリアムは一七八二年、二八歳の下院議員としてアメリカの独立承認を推進しました。また、何よりも家畜の改良や二毛作の創案などにより、篤農家「ノーフォークのクック」（"Coke of Norfolk"）は国中に知られた人物でした。

ブレニム・パレス——モールバラ公爵家

Blenheim Palace
His Grace the Duke of Marlborough

ブレンハイムの戦場で指揮をとる初代モールバラ公ジョン・チャーチル

カントリー・ハウスで唯一の世界遺産

一八世紀初頭、ヨーロッパではルイ一四世のフランスと英国・ヨーロッパ諸国のあいだでスペイン王位継承をめぐる争いが続いていました。

一七〇四年八月、その決着をつける戦闘が南ドイツのブリントハイム(Blindheim)で繰り広げられ、英国・神聖ローマ帝国連合軍が勝利を収めました。

このとき英国軍を率いたモールバラ公爵ジョン・チャーチル(John Churchill, the Duke of Marlborough 一六五〇～一七二二)は、その功によって神聖ローマ帝国の大公位を贈られました。

さらにアン女王からはオクスフォードの北一二キロのウッドストックにある王室の荘園を与えられ、ここに国費で好みの家を建てることを許されました。こうして完成したのが居館ブレニム・パレスです。

建築家と施主夫人の葛藤

その記念すべき戦場の名はブレンハイム(Blenheim)と綴られるようになり、さらに訛ってブレニムとなりました。公爵はカースル・ハワード(Castle Howard)の建築で評判だったヴァンブルー(Sir John Vanbrugh 一六六四～一七二六)と同じホイッグ党の仲間だったので、彼に設計を依頼したのはごく自然のなりゆきであったのでしょう。しかし、それから先は血と涙のドラマが展開することになります。

公爵は地位相応の規模と格式の屋敷を望み、夫人は主婦として住み心地よい家を一日も早くほしいと思い、ヴァンブルーは時代を代表する建築家として世界一の宮殿を建てたいと思ったのです。理想を追ってエスカレートする建築家のプランに公爵は異議はなかったのですが、早く新居に落ち着いて安らかな生活に入りたい夫人の思いとの溝は、日を追って深まるばかりでした。

一七一六年秋、夫人の激しい非難と中傷に耐えきれず、ヴァンブルーはついに絶縁状を送ってブレニムを去りました。

あとの工事はムアーという土地の清

負師によって当初の設計にしたがって進められました。助手のホークスムア（Nicholas Hawksmoor　一六六一～一七三六）は何度か戻って、内装や庭の建物に手を加えたりしましたが、ヴァンブルーは以後完成までここを訪れることはなかったといいます。

　やがて公爵は館の完成を見ずに没しました。その三年後の一七二五年、落成を祝うため若い妻をともない、カースル・ハワードの創建者カーライル伯爵の一行とともにブレニムを訪れたヴァンブルーは、公爵夫人の命によって門衛から立ち入りを拒否されたのです。

ブレニム・パレス　正面

ブレニム・パレス　パッラーディオ様式の橋

さまざまな表情をもつ屋敷

　家は北に正面をとり、南面にサルーン（saloon　広間）を中心にステイト・ルーム（賓客室）が並びます。正面は左右両翼の柱廊（colonnade）が前庭を抱えるように延び、奥まった正面のポーチコ（portico）と左右のコーナータワーの上に並ぶ小尖塔（pinnacle）が、逆光に映えて峻厳《しゅんげん》なシルエットを描いています。

　一方、南面はほとんど凹凸がなく、陽光をいっぱいに受けた広々とした芝生に面して、おだやかな表情を見せています。

　東面はイタリア風の、西面はフランス風の様式庭園に面しています。このように、各面それぞれの表情をもっていることがこの館の外観の特色といえましょう。

　グレイト・ホールはロマネスクの大聖堂のようにアーチを二段に重ねて、より重厚で威厳を放っています。家の内部装飾はルイ王朝風が主となってい

ブレニム・パレス　東門

ブレニム・パレス　ロング・ライブラリー

ますが、他の家のロング・ギャラリーに相当するロング・ライブラリーは、サー・クリストファー・レン（Sir Christopher Wren　一六三二～一七二三）の教会を思わせるバロック様式です。

戦場のタピストリー

この家でもヴァン・ダイクやレノルズの肖像を多数見ることができますが、圧巻はブレンハイムの戦いを写実的に織り出した「戦場のタピストリー」でしょう。ほかにも建物の細部から装飾にいたるまで、ルイ一四世のフランスを破った勝利の記念に満ち満ちています。

ホール天井のフレスコ画は宮廷画家サー・ジェイムズ・ソーンヒル（Sir James Thornhill）によるもので、ローマ帝国の将軍の衣装をつけた公爵が英国の象徴である女神ブリタニア（Britannia）にブレンハイムの作戦を説明している図が描かれています。

サルーンの天井画は、公爵がチャリオット（戦車）で天空を駆けるさまをフランス人画家ルイ・ラグエル（Louis Laguerre）に描かせています。くしくもラグエルの名づけ親（godfather）は、公爵が打ち破ったルイ十四世でした。

王宮以外でパレスの名をもつ唯一の館

この宮殿の見どころは規模と豪華さでしょう。王宮以外でパレスと名づけられた館はほかにはありません。北側の台地が谷に下る手前には、月桂樹の冠を戴きシーザーのような衣をまとった初代公爵ジョン・チャーチルの像が

ブレニム・パレス　チャペル

高い円柱の上に立っています。

ここからまっすぐ館の正面に向かって下ると、レイクに架かる堂々たるグランド・ブリッジが見え、高貴なるものに近づく緊張感を高めています。

公爵の宮殿へのアプローチとして、ヴァンブルーにはこの規模の橋がどうしても必要でした。ただし建設当時は、この橋の下には人が飛び越えられるほどの小川がちょろちょろと流れているにすぎませんでした。

現在の立派なレイクは、一世代後、ケイパビリティ・ブラウン（Lancelot "Capability" Brown　一七一五〜八三）が下流にダムを築いて造成したものです。公爵は橋のプランを喜びましたが、夫人はこの途方もない浪費に激怒したといいます。これが夫人と建築家との、悲劇的な結末に至る不和の発端となったといわれています。

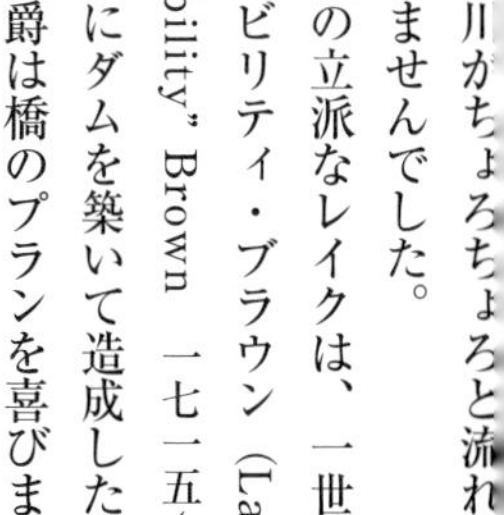

チャーチル元首相の母親ジェニー
アメリカの富豪の娘だった

サー・ウィンストン・チャーチルの生家

二〇世紀英国最大の政治家サー・ウィンストン・チャーチル（Sir Winston Churchill　一八七四〜一九六五）は、この家で生まれました。二三歳のときに従兄の第九代公爵に長男が誕生するまでは爵位を継ぐ可能性もありました。

しかし、チャーチル家に大きな誇りをもっていた彼は、のちに女王からの新たな公爵位授与の申し出を「むしろたんなるチャーチルにとどまりたい」と辞退しました。

ブレニムは一九七八年、ユネスコ世界遺産に指定されました。

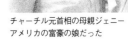

チャツワース
——デヴォンシャー公爵家

Chatsworth
His Grace the Duke of Devonshire

一番好きな屋敷

「カントリー・ハウスのなかで、一番好きな家はどれですか」という単純な問いは、意外に答えにくいものです。好きな家を一つだけといわれると考えてしまいますが、私はたぶん、「チャツワース」と答えるでしょう。

　二十年余り前、カースル・ハワードの晩餐会に招待されたとき、ご当主のサイモン・ハワードは、四〇歳代とおぼしき長身の貴族に、私を「カントリー・ハウスに興味をもつ人物」と紹介してくれました。

　その名前から推察して、一九世紀中頃の政治家で、スコットランド・ヤードの生みの親であるサー・ロバート・ピール（Sir Robert Peel　一七八八～一八五〇）の子孫のようでした。

　彼は〝七分の愛想の良さと三分の冷淡さ〟を感じさせる上流階級によくあるタイプで、私との会話に調子をあわ

メイズ（迷路）

グロットー（grotto　人工の洞窟）

温室を兼ねた塀

チャツワース　橋越しに見る東面

せながらも本当はたいして興味を抱いていないことが感じられました。素姓の知れない異国人に、はたして自分たち固有の文化が理解できるのだろうか――。たしかに、そう疑われても不思議はありません。やがて、会話に終止符を打とうとするかのように、早口でこう尋ねてきました。

「一つだけ。あなたの一番好きな家はどこです？」相手の勢いにつられた私は、反射的に、「チャツワース！」と答えていました。そのとたん、私たちのあいだにかかっていた紗の幕がふっと消えたようでした。

「僕もそうなんだ！」それは、はじめて出た彼の本当の言葉でした。それから話題は方々に飛び、ごく自然な友だち同士の会話が続きました。ただそれだけのことなのですが、チャツワースが話題になると、いつもピール卿とのあの一瞬を思い出します。

「これほどの驚きがありえようか」

チャツワースは創建時から見学希望者に開放されていたので、文人墨客の手紙や紀行文にもっとも頻繁に登場す

チャツワース北面　ウィリアム・トールマン設計

る家でもあります。

『ロビンソン・クルーソー』の作者ダニエル・デフォー（Daniel Defoe 一六六〇？〜一七三一）が『英国の旅』（一七二九）で書き残したチャツワースの印象は「これほどの驚きがありえようか」という感嘆の言葉でした。

それは、ダービシャーの不毛の荒野を延々と旅した末に疲労困憊《ひろうこんぱい》して峠の端に立った瞬間、いとも心地よい風景のなかに、このうえもなく人の目を楽しませてくれる庭園と、この世のものとも思われぬ美しいこの館を見たときのことでしょう。その光景は、今日われわれを感動させるものとほとんど変わっていません。

ハードウィックのベス

サー・ウィリアム・キャヴェンディシュ

一八四二年には三マイル南のラウズリー（Rowsley）まで鉄道が延び、夏場だけで八万人の観光客が訪れたといいます。現在ではロンドンまでの支線の一部が廃止されているので、交通の便はむしろ当時のほうがよかったかもしれません。明治四年（一八七一）には、岩倉、木戸、大久保ら米欧視察団も、デフォーと同じ体験をしたはずです。

チャツワースの礎《いしずえ》を築いた英国史上最大の女傑「ハードウィックのベス」（Bess of Hardwick 一五二七〜一六〇八）は、八一年の生涯を通じて建築熱を燃やし続け、その夢を生涯四度の結婚によって着々と実現していきました。

英国史上最大の女傑、ハードウィックのベス

ベスはこの地方の名もない郷士（squire）の娘でしたが、彼女の二人目の夫サー・ウィリアム・キャヴェンディシュ（Sir William Cavendish 一五〇七〜五七）はヘンリー八世の廷臣であり、「修道院の解体」の執行官として財を築いた人物でした。

父親と前夫の遺産ですでに相当の地主になっていたベスは、この二人目の夫にサフォークの領地を売って現在のチャツワースの敷地を含む一帯を買うよう説得しました。一雨あれば水があふれ、どこから来るにも湿地帯を越えなければならない悪条件のその土地こ、

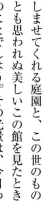

グレート・ダイニング・ルーム

現在の四、五階建ての高さのある石造りの家を建てたのです。

家は、建築工学を無視した増築がおこなわれました。当初二階建てだったものに、大広間をもつ三階を載せたりしたため、外壁がたわみ、方々に亀裂が入って危険な状態となりました。

第四代伯爵（のちの初代侯爵）は一六八五年、当時の代表的な新古典様式の建築家ウィリアム・トールマン（William Talman 一六五〇～一七一九）らを起用して大改築をおこないました。こうしてチャツワースは、一世紀半前の石材を芯に使いながら、外観は優美な英国バロック様式に変貌したのです。

ベスが、いずれの方向からのアプローチも峠を越え、湿地帯を渡らなければならない位置に館を据えたことは、当時きわめて非常識なものだったでしょう。しかし、彼女が一世紀半後のチャツワースの景観を予見していたとすれば、それは類《たぐい》まれな眼識といわざるをえません。

「古きを温《たず》ねて新しきを知る」のが学習であり、学習によって獲得したものが知識や学識でしょうが、ベスには学ぶべき先達《せんだつ》はほとんどいませんでした。ここに彼女の優れた独創性があるといえるでしょう。

橋越しに見る館の美しさ

チャツワースの魅力は何よりもその配置にあり、トールマンが天賦の才を発揮して実現した、英国バロック様式ののびやかさにあります。ただし、川のコースを少し西に変え従来より上流に橋を移すことによって、現在も賞賛される橋越しの館の景観を演出したのは、一八世紀後半の建築家ジェイムズ・ペイン（James Paine）でした。さらにその直後、背後の斜面を英国式自然庭園に変えたのはケイパビリティ・ブラウンです。

内部の装飾は、すべてバロック様式です。ペインテッド・ホールや数多いステイト・ルームの天井や小壁には、ルイ・ラグエル（Louis Laguerre 一六六三～一七二一）やジェイムズ・ソーンヒル（Sir James Thornhill 一六七六～一七三四）のフレスコ画が描かれています。また多くの家具がウィリアム・ケント（William Kent 一六八五～一七四八）のデザインであることも特筆すべきことです。

オールソープ——スペンサー伯爵家

Althorp
The Earl Spencer

元皇太子妃ダイアナの実家

オールソープを語るにあたって、なにはおいてもまず、「この家は、故元皇太子妃プリンセス・ダイアナのお里である」ということを銘記《めいき》せねばならないでしょう。一九八三年に、私がはじめてこの家を訪ねた動機も、まさにそこにありました。

家そのものについては、絵画のコレクションがなかなかのものであるということ以外には、取り立てて強い印象はありませんでした。

ただ、売店やティー・ルームが設けられている昔の厩舎《きゅうしゃ》（Stable）の中庭で、泥のついた「ウェリントン」と呼ばれるゴム長をはき、熊手を手にして立っている農夫然とした体格のいい中年の男性に出会いました。

何か短い言葉を交わしたときに、どこかで見た顔とは思ったものの、とくに気にもとめなかったのですが、しばらくして、帰りの車に乗り込んでからようやく彼が新聞の写真などでよく見かける故ダイアナ元妃の父君であることに気づきました。

三年後、皇太子ご夫妻がはじめて来日され、あるレセプションでお目にかかった折に、ダイアナ妃にこの話を申し上げました。「ゴム長をはいてお立ちだったので、園丁だとばかり思っていました」そう言った瞬間、やや緊張ぎみで疲れが見えるプリンセスの顔に赤みがさして、表情がなごみ、ほっとしたような笑い声がもれました。「その話、父はきっと喜ぶと思うわ」

一八世紀そのままの屋敷

オールソープの建物は、もともとエリザベス朝の赤レンガ、中庭式のものでしたが、一七世紀半ばになって、この中庭は現在サルーン（Saloon 広間）と呼ばれる部屋に変えられました。

家はその後も改造が重ねられ、時代とともに形や大きさを変えていきますが、最終的に一七八六年、第二代伯爵がヘンリー・ホランド（Henry Holland 一七四五～一八〇六）に依頼して全面的な改築をおこないました。ホランド

オールソープのシッティング・ルーム　図書室を兼ねた典型的な団らんの部屋、奥に見えるのは書庫　写真提供／増田彰久氏

は建築家としてのケイパビリティ・ブラウンの弟子であり、アダムの新古典主義の信奉者でした。

ホランドは赤レンガの構造を、白っぽいレンガで覆い、そのレンガは、サフォークのイプスウィッチ（Ipswich）で特別に焼かせたといわれています。さらに一六世紀から屋敷のまわりにめぐらされていた堀を埋めつくし、ケイパビリティ・ブラウンの助手サミュエル・ラピッジ（Samuel Lapidge）の協力を得て、庭園の改造もおこないました。庭については、一八六〇年代にも

オールソープ　厩舎

う一度大きな改造がおこなわれていますが、家の外観も内装も、一八世紀末から現在までほとんど変わっていません。

スペンサー＝チャーチル家の縁戚

前出ブレニム・パレスのモールバラ公爵スペンサー＝チャーチル家（Spencer-Churchill）は、実はこのスペンサー家の本流にあたります。

初代公爵ジョン・チャーチルの長男ジョンが夭逝してしまったため、特例が認められて長女のヘンリエッタ（Henrietta）が爵位を継ぎ、モールバラ女公爵（Duchess of Marlborough）となったのです。

しかし、ヘンリエッタには子どもがいなかったため、第三代サンダーランド伯爵チャールズ・スペンサー（Charles Spencer, 3rd Earl of Sunderland）と結婚した次女アン（Anne）の次男、つまりヘンリエッタの甥にあたる第五代伯爵チャールズ・スペンサーが、第三代モールバラ公爵を継ぐことになりました。その後、第五代公爵が、国民的英雄である初代公爵を記念し、スペンサー＝チャーチルと二つの姓を並記して、今日にいたっています。

カードを楽しむ初代モールバラ公爵夫人サラ
ネラー画　1681年

元は「オールトラップ」

一方、公爵を継いだチャールズの弟ジョンは、新たにスペンサー伯爵を与えられ、今日の伯爵家の祖となりました。初代モールバラ公爵夫人サラ（Sarah）は、この孫に多くの土地や美術品などの財産を贈りました。それらが、この家のコレクションのもととなっています。

「オールソープ」の発音は、本来は伯爵の二番目の爵位“Viscount Althorp”と同様に、「オールトラップ」と発音されるはずです。年配の使用人に確かめてみたら、先々代の伯爵の時代まではたしかに「オールトラップ」と呼んでいたが、大衆性を好む先代伯爵が、一般で使われている誤った発音を、あえて使用するようにした、ということです。

オールソープ　正面

オールソープのサルーン
16世紀の中庭を18世紀に改造した階段ホールには、ヴァン・ダイクや英国の代表的な肖像画家による家族の肖像がかかっている
写真提供／増田彰久氏

ルーベンス・ルーム

エリザベス朝時代のロング・ギャラリーだったピクチャー・ギャラリー(Picture Gallery)には、ヴァン・ダイクのほかに、一八世紀英国の有名な肖像画家ネラーやリーリなどの描く肖像画が並び、創建時、中庭だったといわれる階段室サルーンの壁に、階上も階下も先祖代々の肖像画で埋めつくされています。

またライブラリーに隣り合って、これも居間として使われているルーベンス・ルーム(Rubens Room)は、その名が示すとおりルーベンスの絵で飾られています。

サルーンに続く回廊と大食堂 (State Dining Room) には、古伊万里の逸品が数多く置かれていましたが先代の後妻によって処分されたものもあるとのことです。

バーリー・ハウス　屋上より中庭を望む

バーリー・ハウス　レイクと橋

バーリー・ハウス

——エクセター侯爵家

Burghley House
The Marquess of Exeter

林立する小塔

英国史の黄金時代と呼ばれ、今なおロマンティックなイメージを抱かせるエリザベス朝時代（一五五八～一六〇三）の財務卿（Lord High Treasurer）、主席閣僚（Chief Minister）という最高の権力者の地位を維持したバーリー卿ウィリアム・セシル（William Cecil 一五二〇～九八）が、自らの権力と栄誉を誇示するため、一五五五年にこの館を建て始めました。

この家の威容を高めているのは、屋上に林立する小塔と古代神殿の列柱を象《かたど》った煙突の群れです。一八世紀の初めにここを訪れた『ロビンソン・クルーソー』の作者ダニエル・デフォーは、その印象を次のように書き残しています。

「家というよりは街のようで、
塔や小尖塔が高く聳《そび》え、

バーリー・ハウス　屋上

しかも一つ一つが孤立して見えるので、多くの教会が並ぶ大都会を遠くから眺めているようだった」

ちなみにその頃のロンドンは、大火ののちに大ドームをもつバロック様式で再建されてまもないセント・ポール大聖堂と、周辺にまだスモッグに汚される以前の真っ白い五二本の教会の尖塔が、吹き上げる噴水のようにまっすぐに天に向かって伸びているさまを、テムズ川の対岸から望むことができました。

一七世紀後半の有田のコレクション

セシルは希代の行政官であったばかりでなく、学者、事業家としても卓越していました。一四歳でケンブリッジ大学に入学、古典、歴史、政治、宗教を修めた最高の教養人で、海外貿易に投資をしていた関係で、中国の明《みん》時代の染付《そめつけ》を蒐集《しゅうしゅう》しました。これがセシル家の膨大な美術品のコレクションのもととなり、その子孫たちもさらに蒐集品を増やしていったのです。

　清朝《しんちょう》の白磁《はくじ》や染付も逸品ですが、圧巻は一七世紀後半のいわゆる柿右衛門《かきえもん》を含む有田《ありた》の磁器類です。またそれ以外に日本の漆工芸品、絵画、工芸品、家具類のコレクションも数知れません。

豪華絢爛なヘブン・ルーム

　ウィリアムの次の世代に、セシル家は二つの系統に分かれます。長男トマスはエクセター伯爵に叙せられ、バーリー・ハウスを継ぎ、それに対して次男ロバートは、父に次いで筆頭閣僚を務め、とくに次のジェイムズ王朝時代に活躍し、ソールズベリ伯爵に叙せられます。

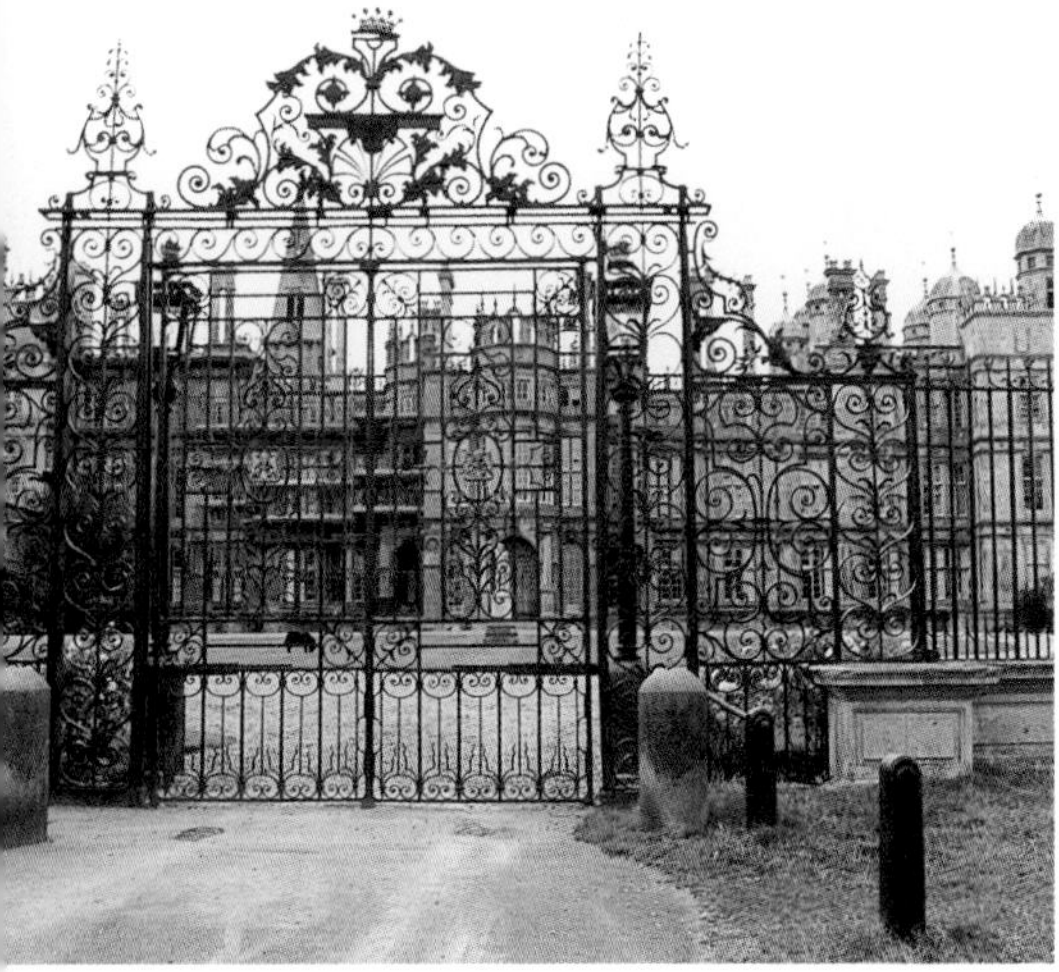
正門からみたバーリー・ハウスの西正面　門と柵はティジュー

　第五代エクセター伯爵ジョン（一六四八～一七〇〇）はフランスとイタリアに四回も大旅行をおこなって、家具、彫刻、タピストリーを発注し、フィレンツェやヴェネツィアで多くの絵画を購入しました。また、鋳型金師ジャン・ティジュー（Jean Tijou　一六八九～一七一二）に錬鉄の門「ゴールデン・ゲイト」(Golden Gates)を、画家ルイ・ラグエルにはボールルーム(Ballroom)の、アントニオ・ヴェリオにはジョージ・ルームズ(George Rooms)やヘヴン・ルーム(Heaven Room)の壁画の制作に当たらせて、内部のバロック様式への改装に着手しました。

グレート・ダイニングルームの天井　ヴェリオ画

　とくに、ヴェリオが遠近法を駆使して、三つの壁画と天井いっぱいに天使が群れ遊ぶ天国の光景を描いたヘヴン・ルームの豪華絢爛《けんらん》たるパノラマは、目を瞠《みは》るばかりです。
　第九代伯爵ブラウンロウ(Brownlow)は曾祖父の後を承《う》けて、半世紀以上中断していたジョージ・ルームの改装を、当時流行の兆しが見え始めていた新古典様式を巧みに採り入れて完成しました。またケイパビリティ・ブラウンに依頼して古いチューダー庭園を、レイク(Lake)とパッラーディオ風の橋をもつ英国式庭園に変えました。

当主はオリンピックの金メダリスト

　第一〇代伯爵は初代エクセター侯爵に叙せられました。時代は下って第六代侯爵デイヴィッド（一九〇四～八一）は、映画「炎のランナー」にハードル走者リンズィー卿として登場する、一九二八年オリンピックの金メダリストでした。

　国際オリンピック委員、第二次大戦後初のロンドン大会組織委員長を務めましたが、デイヴィッドの始祖ウィリアムの直系を示すエクセターの爵位と館を、自らの子孫に残すため是が非でも男の子がほしかったのですが、七代バッカルー公爵の四女である最初の妻メアリーとの間に生まれた四人のうち、ただ一人の男子ジョンは夭折し、再婚したダイアナに生まれたのも女子でした。したがって爵位は弟のマーティンに移りました。

それでも、せめて館は自分の子孫に伝えたいと、館と庭園は財団を設けてその所有にして、四女ヴィクトリア(Lady Victoria Leatham　一九四七～)を管理者とし、彼女は夫や子どもとともにここに住むことになりました。二〇〇七年にヴィクトリアは引退して長女ミランダが跡を継ぎました。

ヴィクトリアはこの家についての一番古い記憶は、この家に電灯がついているのは書斎(Library)だけで、他の部屋はすべてガス灯で、父親がテレビの「ペリー・コモ・ショー」を見ていたことでした。彼女が結婚してこの家を出たときには、まさかこの館に戻ってきて暮らすことになるとは夢にも思わなかったと言います。

ヴィクトリアは長年、埃と暗闇のなかに忘れられていた宝探しに挑戦しました。古い書類の束のなかに子どもの頃耳にした「一六八八年の財産目録(inventory)」を見つけ、発掘する宝物を次々に照合していきました。目録の最初の項目は「レスリングをする中国の少年」と記されていますが、実は一六八〇年頃、有田で焼かれた「色絵相撲人形」で、東洋に関する当時の人々の認識の程度がうかがわれます。

またこの財産目録を作成した第五代伯爵夫人は、英国の大資産家の一人デヴォンシャー伯爵の娘で、実家から相続した多くの中国磁器、銀製品、宝石、家具、絵画類の記録を明確にしておくために、一六九〇年に「デヴォンシャー・シェジュール(財産明細書)」を作成しました。

この二つの目録はセシル家の美術品の編年に役立ったばかりでなく、陶磁史研究に貴重な資料を提供しました。

バーリー・ハウス　南面

バーリー・ハウス　玄関ホール

第6代侯爵
デイヴィッド
オリンピックの金メダリストで、映画「炎のランナー」にハードル走者リンズィー卿として登場した

column

貴族の館に保存されている肥前磁器（伊万里）

田中恵子 Shigeko TANAKA

東洋の陶磁器が装飾品に

貴族の館を訪れて気がつくのは、東洋から一六～一八世紀にもたらされた陶磁器が、そのあとに西洋各地でつくられた陶磁器にまじって、室内装飾品として多く使われていることでしょう。

それも日本と違って、たとえば大皿が壁にかけてあるとか、壺の蓋と身とのあいだに金属の飾りを施して大きく見せたり、あるいは壺、瓶、皿など、いくつかのうつわを同じく、金属の装飾でつなげて重ね、一つの置物にするとか、あるいは、染付の白地の部分を金色に塗ってしまうとか、当時の室内装飾に合うようにと、思いがけない使われ方をしているものもあるのです。

時には欠けた縁を取り去って、皿の見込みの部分だけを金属でまわりをくるんで掛けものにしてあったり、東洋からの磁器は高価でしたから、大切に扱われたのでしょう。

この東洋からもたらされた磁器の主なものは中国の景徳鎮窯《けいとくちんよう》でつくられた染付《そめつけ》の大壺とか、色絵《いろえ》の皿などですが、それにまじって九州肥前《ひぜん》有田《ありた》の窯で焼かれた一七世紀半ばから一八世紀前半の染付、色絵の種々の磁器が見られ、

ホーカム・ホール　大広間（The Saloon）の中央の扉の両側に並ぶ背の高い燭台に使われている18世紀初頭の有田製色絵筒型瓶一対の一つ

ウーバン・アビー　地下の陶磁器陳列室にある17世紀後半に有田の柿右衛門窯で焼かれた色絵を中心とする東洋陶磁のコレクションの一部

ベルトン・ハウス（Belton House）　アンティ・ライブラリー（Ante Library、旧図書室前の小部屋）の壁に取り付けられた棚に並べられた17世紀後半～18世紀初頭の中国製磁器にまじって飾られた17世紀後半の有田製色絵磁器

時には、それに幕末明治に日本各地で輸出用につくられたやきものがまじっていることもあります。

肥前磁器

コレクションの収蔵目録が作成された年は、そのなかに記されたやきものの作成年代の下限を示します。たとえばバーリー・ハウスの一六八八年の収蔵目録と館に残る日本のやきものとの照合と、日本での窯跡と消費地の考古学的調査の結果とを突き合せて、有田の磁器の編年が進みました。有田の窯の製品が伊万里《いまり》と呼ばれたのは、有田から陸路、伊万里の港に運ばれ、船で日本各地に運ばれたからで、長崎出島《でじま》のオランダ人も伊万里から来たやきものを、イマリと呼び、その呼称はいまだに西欧諸国で使われています。

日本で江戸時代の有田の陶磁器を通常、「古伊万里」と呼び、染付、色絵のやきものの両方をさしますが、「古伊万里」の語をそのまま、英語にしてold Imariというと、西欧では有田の色絵磁器だけをさす言葉として使っているようで、染付はblue & whiteと呼びます。また、近年は柿右衛門窯の製品とそれに類する磁器を「Kakie-mon」として区別してもいます。この他周辺の窯でやかれた磁器を含めて、日本では肥前磁器という総称を使うことが多くなりました。

収蔵目録と照らし合わせて一六七〇年以降の柿右衛門釜の製品とわかった、型でつくられた鳥や人形などの置物が多くあることで近年知られるようになったバーリー・ハウス（八〇頁参照）、柿右衛門の大小の皿や壺がそろっているウーバン・アビー（八六頁参照）などは、ロンドンから日帰りできるので、貴族がどのような日本の磁器を愛でたかを一度、見にいらしてください。

どちらの館も若い世代が先代の跡を継いで、どのように館と領地を経営していくかを真剣に考えていますが、貴族の館には絵画、家具、銀器など今日、西欧では陶磁器より高く評価されるお宝がまだ、かなりあるので、日本の磁器にまで持ち主の関心が及ばない館もあり、この先も館の隅に人知れず眠っていた有田の磁器が発見されることがあるかもしれません。（輸出東洋陶磁研究家）

ベルトン・ハウス　クイーンズ・ベッドルームの電気スタンドに転用された18世紀初頭の有田製色絵壺（H. 49㎝）

ベルトン・ハウス　アンティ・ライブラリーの床に置かれた、4個の東洋陶磁を使ってつくられた置物。下から二番目の染付の壺は17世紀後半の有田製、その他は中国製

スクェアリーズ・コート（Squerryes Court）　17世紀末～18世紀初頭の有田製色絵八角大壺（86㎝蓋まで）と筒型瓶

ウーバン・アビー
——ベッドフォード公爵家

Woburn Abbey
The Duke of Bedford

ウーバン・アビー　正面

荒れた屋敷の再興

三〇〇年にわたるベッドフォード公爵の家ですが、一三代公爵は一九七四年に家の管理と所領の経営を長男のタヴィストック侯爵に譲って引退しました。

公爵の家名はラッセル（Russell）で、日本人にも馴染みが深い哲学者バートランド・ラッセル卿はこの一族の出身です。ロンドンに"Russell"と"Bed-

コヴェント・ガーデン・マーケット　1726～30年

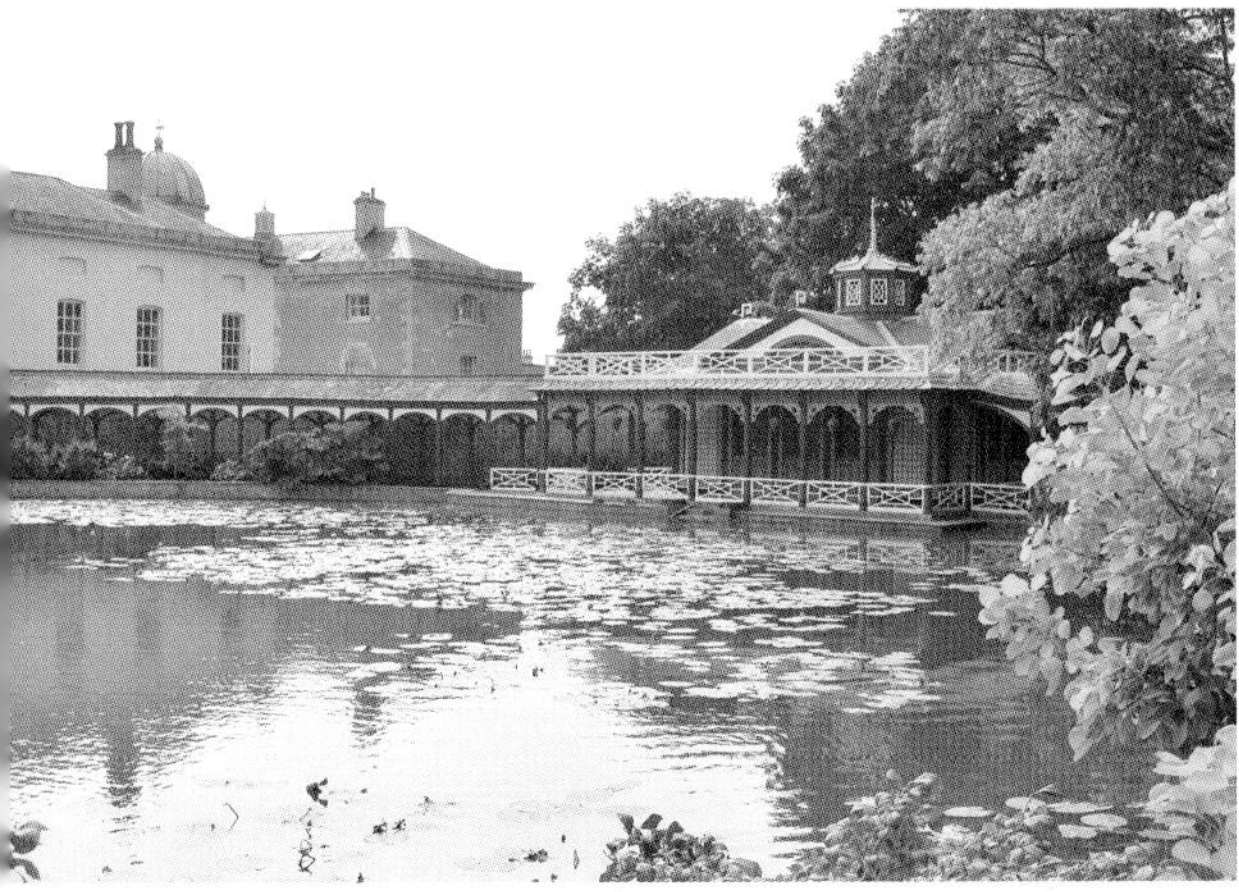

ウーバン・アビー　中国式あずま屋

ford"を冠した通りや広場が多くあることからも、大地主であったことが想像されます。一九六〇年代まで野菜と花の市場があり、八〇年代に人気のある若者の町に再開発されたコヴェント・ガーデン（Covent Garden）の敷地も、この家の土地でした。

父親と意見が合わず、家を出てアフリカで農場を経営していた公爵は、一九五三年父親の死によって、荒れ放題の広大な屋敷と莫大な相続税を承け継ぎました。このときからウーバンだけ

ウーバン・アビー　厩舎の中庭

は是が非でも守ろうという、公爵の奮闘が始まりました。

資金捻出のために
総合的娯楽施設をつくりあげる

各地にあった領地を整理して税を納めましたが、荒れた屋敷と庭園を修復して維持するには、さらに膨大な資金が必要でした。彼はこの家を、積極的に観光事業の目玉に利用することを考え、家を見学しやすく整理し、食堂や売店を設け、子ども連れで一日をすごせるように遊園地、キャンプ場、サファリ・パークまで備えた総合的娯楽施設をつくりあげました。

公爵主催の有料の晩餐会、舞踏会も催し、これらの企画は英国の庶民ばかりでなく、その当時観光客の主流であったアメリカ人におおいに受けたものです。現在、ホテルもあります。

これに対して、貴族仲間は当然、白い目で見ましたが、ウーバンの繁盛《はんじょう》ぶりを見て、同じ悩みをもっていた彼らも、しだいにこの例を見習うようになっていきました。こうしてウーバンは今日では常識となった"Stately Home

ウーバン・アビー　家の正面からレイクを望む

ウーバン・アビー　正面から中庭を望む

Business” の先駆けとなったのです。

起業的才能は先祖伝来

公爵の起業家的才能は先祖伝来のようです。一七世紀に初代公爵は、灌漑《かんがい》工事をおこなって、領地内の湿地帯を耕地に変えました。一八世紀半ばには、農業改良に意欲を燃やした第四代公爵が、ベッドフォードシャーのすべての耕地に四年周期（三年植えて一年休ませる）を採用して、四半世紀で収穫を倍増させたのです。

彼は、のちに国の林業政策の基本となった植林計画を創案しています。その後も代々の当主たちは農業改良や領地運営の改善などで、貴族たちの模範となってきました。

アビーという名が示すように、ウーバンもかつてはシトー派の修道院で、この家のほかの二つの所領タヴィストックとチェニーズ（Chenies）も侍従《じじゅう》を務めた先祖に、ヘンリー八世が与えた修道院跡です。ラッセル一族がここを本拠とするようになったのは、一六二五年のペストの流行を避けてここに疎開したときからのことです。

庭園の装飾、グロットー

第四代公爵はここに本格的な家を建てることを決心して、一七三三年ジョン・サンダースン（John Sanderson）に設計を依頼しますが、実際に建築を始めたのは一七四七年で、起用した建築家も、バーリントン卿がパトロンだったヘンリー・フリットクロフト（Henry Flitcroft）に替わり、パッラーディオ様式あるいは新古典様式の色が濃くなりました。家の設計と内装の一部はサー・ウィリアム・チェインバース（Sir William Chambers）が担当しています。

グロットーは一六二五年に移り住んだときに建てた家の、現存する唯一の部分です。もともとは外壁のないロッジア（loggia）で、当時もっとも健康によいと思われていた外気浴のためにつくられました。主としてチャネル諸島（The Channel Islands）産のアワビの貝殻が使われており、当時としてはきわめてユニーク

グロットー　主にチャネル諸島産のアワビの貝殻が使われている

エリザベス１世のアルマダ・ポートレイト　背景左手にはアルマダ船団の威容、右手には壊滅したすがたが描かれている
1588年頃　ジョージ・ガワー画

もと厩舎を改装したアンティーク・ショップ

現公爵アンドルー

公爵夫人が経営するみやげもの店

なものです。その後グロットーは主として一九世紀に、庭園の装飾として愛好されるようになりました。

エリザベス一世の「アルマダ・ポートレイト」

ロング・ギャラリーにはヘンリー八世以降の王室や家族の肖像画が並んでいますが、中心には、エリザベス一世の肖像画のなかでももっとも有名な「アルマダ・ポートレイト」("The Armada Portrait")があります。この絵は世界の女帝としてのエリザベスをあらわし、右手を地球に置き、背後には左に英国に向かって攻めて来るスペインの無敵艦隊が明るい調子で、右には転覆した艦船が暗い調子で描かれています。

この家にも多くの有名な画家たちの作品がありますが、一八世紀英国の肖像画家で、ロイアル・アカデミーの初代総裁サー・ジョシュア・レノルズの肖像画ばかりを飾ったレノルズ・ルームと、カナレット（Canaretto　一六九七～一七六八）の風景画二四点を飾った食堂は、一見の価値があります。

column

グラームズ城

Glamis Castle

マクベス伝説

魔女一　マクベス万歳！　グラームズの領主に幸あれ
魔女二　マクベス万歳！　コーダーの領主に幸あれ
魔女三　マクベス万歳！　やがて王たる者

（『マクベス』一幕一場）

この有名なシェイクスピアの悲劇の冒頭で、凱旋《がいせん》将軍として帰途にあったグラームズの領主マクベスは、荒野で出会った魔女三姉妹に予言めいた謎の言葉をかけられました。

帰還して早速、国王ダンカンからコーダーの領主に任じられたことで、野心家のマクベス夫人は、「やがて王たる者」という予言を早く実現すべく、夫をそそのかし、自分たちの居城を訪れた国王の寝首を掻かせました。

マクベス伝説の関連で、訪れる観光客の数も多いのですが、マクベスがグラームズの領主であった史実はありません。

しかし、せっかく訪ねて来た遠来の客を、失望させたくないという、スコットランド人一流のホスピタリティでしょうか。クリプトと呼ばれるいかにも陰気な地下の一隅に、王の非業《ひごう》の死を思わせる「ダンカンズ・ホール」が設けられています。

二〇世紀のヒロインの生家

相次ぐ離婚やスキャンダルで人気凋《ちょう》落《らく》気味のロイアル・ファミリーのなかで、ただ一人全国民から絶対の信頼と敬愛を集めていたクイーン・マザー（皇太后）は、一九世紀最後の年に、ここの城主ストラスモー・キングホーン伯爵夫妻の六男四女の下から二番目の子

グラームズ城　外観

どもとして生まれました。

第一次大戦後の「狂乱の二〇年代」に青春を送ったエリザベスは、カクテルを飲み、たばこを吸い、断髪にショートスカートでチャールストンを踊りまくる、当時の上流階級の娘たちのファッションとは無縁に、生来の明るさ、優しさ、誠実さで、年頃の若者たちの人気の的になっていました。

皇太子で、のちに米国人シンプソン夫人との恋を貫いて王位を捨てた、社交的な兄とは対照的に、人前で話すことが苦手の内気な第二王子ヨーク公の熱烈な求愛を「普通の女の平凡な幸福」を望むがゆえに、二度も拒否した彼女は、夫婦と子どもが水入らずの家庭生活を送ることを条件に、二三歳で王子の三度目の求婚に応じました。

一三年後、予期しなかった兄王の退位によって、心ならずも夫が王位に就くや、彼女は民衆のなかに入って、まるで友人のように話し合う、新しい王室の流儀を創出し、史上最高の王妃、皇太后としての生涯を貫くことになったのです。

グラームズ城　クィーン・マザーの生まれたベッド

天蓋の内側にこのベッドで生まれた子の名前と生年月日の縫いとりがある

グラームズ城　応接間

column

カースル・ハワード

Castle Howard

請負師から建築家へ

伝統を重んじ、古き良きものを大切に守り受け継いでゆく一方で、伝統の殻《から》を打ち破って、思いきった革新的な企てを試みるのも、英国人の特性といっていいでしょう。

エリザベス朝からジェイムズ王朝初期まで、カントリー・ハウスの建築を手がけたのは、請負師《うけおいし》（surveyor）と呼ばれる職人、主に石工《いしく》の親方で、図面を引き、大工、左官《さかん》、建具《たてぐ》の職人を雇い、材料を手配し、施主の注文にできるだけ忠実に施工しました。

一六一〇年代になると、若い頃ヴェネツィアで画家の修行をし、建築の魅力に取り憑かれたイニゴ・ジョーンズが、一六世紀北イタリアの代表的建築家アンドレア・パッラーディオ（Andrea Palladio 一五〇八～八〇）の遺稿の多くを、その弟子スカモッツィ（Vincenzo

カースル・ハワード　南面と噴水

カースル・ハワード　四風亭（Temple for Four Winds）と名づけられた庭のあずま屋

Scamozzi 一五四八～一六一六）から買い取りました。

彼は一六〇五年から王室の芸術主任のような地位に取り立てられ、英国ではじめて建築家と呼ばれ、一六四〇年代の清教徒革命まで王室の建築を担当しました。

施主の意向どおりに施工する請負師にかわって、自らの意志とデザインをもつ建築家の時代が始まったのです。

偉大なるアマチュアの時代

一六四二年に始まる清教徒革命は、一六四九年、国王チャールズ一世の処刑で終わり、以後十年余の禁欲的な清教徒支配の共和制が続きますが、一六六〇年、前国王の長男チャールズ二世を迎えて、王政が復活し、世の中に活気が戻ります。

サー・クリストファー・レン

カースル・ハワードの庭に面した南面

カースル・ハワード　レイディ・ジョージアナのベッド

この時代に、一六六六年のロンドン大火で崩壊した中世ゴシックの大聖堂セント・ポールズを、新たに大ドームを冠したバロック様式で設計したサー・クリストファー・レンは、オクスフォード大学の天文学教授でした。彼は建築の専門家ではむしろ思いつかない突飛な発想で、数々の難問を解決していきました。

二重三重のびっくり

またこの時期に、「堕落――徳のよろめき」の大ヒットで、一夜にして劇壇の寵児《ちょうじ》となった劇作家ジョン・ヴァンブルーが、上流階級の遊蕩仲間の一人第三代カーライル伯爵チャールズ・ハワードの依頼を受けて、廃墟同然の中世の城を壮麗なバロック様式の宮殿に建て替えたのです。

世間は、彼らの仲間も含めて、伯爵がまったく建築には無縁のヴァンブルーに頼んだことで、まず驚き、次にその華麗にして伸びやかなデザインに驚き、それにもまして、それをずぶの素人がやってのけたことに驚きました。

これが、わずか三〇年ほどではありますが、カントリー・ハウス史上もっとも奔放な「英国バロックの時代」の端緒となったのです。

column

封建領主から男爵へ
——ウィリアム・セシルの場合

卓越した才能を発揮したスーパースター

英国史上稀に見る頭脳の持ち主

ウィリアム・セシル（一五二〇～九八）の家は貴族の家系ではありませんが、家臣や小作人を有する封建領主（ロード・オブ・ザ・マナー）だったようで、その封土（マナー）は、今もセシル家の本拠として継承されているバーリー・ハウス（八〇頁参照）がある、リンカーンシャーのスタムフォード（Stamford, Lincolnshire）の近くにあり、当時からかなり広大な面積を占めていたようです。父も祖父も地方の名士にふさわしい治安判事などの要職を委任されていました。

ウィリアムは姉三人の末の一人息子で、英国史上稀に見る頭脳の持ち主で、軍事、財政、法学、古代史研究、とりわけギリシア語、ラテン語などの古典語など、多方面に卓越した才能を発揮したスーパースターでした。多分「栴檀《せんだん》は双葉よりかんばし」かったのでしょう。父親は一人息子をグ

ウィリアム・セシル

ンサムのキングス・スクールに入学させました。この学校は一三二九年創立の、英国でも最古の学校の一つで、自然科学研究の先駆者サー・アイザック・ニュートン（Sir Isaac Newton 一六四二～一七二七）、演劇の黄金時代一八世紀の代表的劇作家、俳優、興行師コリー・シバー（Colley Cibber 一六七一～一七五七）など多くの人材を輩出しています。

一四歳でケンブリッジ大学へ

一五三二年、ウィリアムは弱冠一四歳でケンブリッジ大学セント・ジョンズ・コレッジに入学、ここでこの時代最高の二人の教育家で古典語学者のロジャー・アスカム（Roger Ascham 一五一五～六八）とサー・ジョン・チーク（Sir John Cheke 一五一四～五七）の薫陶《くんとう》を受け、類い稀なギリシア語の知識を身につけたばかりでなく、チークの妹メアリーの愛も獲得し、彼女を最初の妻とします。

一五四一年、父リチャードは学位をとらせることなく、ウィリアムを退学させ、高等法学院の一つグレイズ・イン（Gray's Inn）に入れました。メアリー・チークとの仲が深くなりすぎたためとの推測もできますが、その時代には爵位をもたない者が出世するには、法律家になるのが一番早道だと考えられていたからでしょうか。

トマスとロバート

ところがその四か月後にウィリアムは電撃的な結婚を敢行、翌年五月には、のちにエクセター伯爵に叙せられる長男トマスが誕生します。しかし、その翌年二月にメアリーは世を去ります。

三年後の一五四六年一二月に、ウィリアムはサー・アントニー・クックの娘ミルドレッド（Mildred Cooke）と再婚しました。彼女は前記アスカムが、「わが国でレイディー・ジェイン・グレイと並んでもっとも学識ある婦人」という賛辞を贈った女性で、その妹アンはサー・ニコラス・ベイコンの妻、フランシス・ベイコンの母となります。

サー・アントニー自身も当代一流の学者で、エドワード皇太子の家庭教師を務めましたが、チークもエドワードの、アスカムはエリザベス王女の家庭教師を務めました。ウィリアムの周囲の学者たちは皆、熱心な新教徒で、母キャサリンのカトリック信仰を受け継いで、カトリックを復活させるために国教徒を弾圧するメアリー・スチュアートが、君主の座につくことを、なんとか阻止したいと願っていました。

ウィリアム自身の資質に加えて、二度の結婚のいずれからも、セシル家は優秀なDNAを蓄えたことでしょう。長男のトマスは軍人としての勇気と外に向かう行動力を、異母弟ロバートは宮廷内の処世術と政治力を受け継いだ

ロバート・セシル

ように思われます。

サマセットの秘書として

順風をつかむのに絶妙な感

希有な才能に恵まれ、高度な教育を受けたウィリアムでしたが、世間の表舞台に打って出るには、のぼらなければならない階段がありました。そのために、父祖から受け継いできた荘園（エステイト）がもっている選挙区、いわゆる「ポケット・バラ」から、一五四三年衆議院議員として登場します。「彼は順風をつかむのに絶妙な感をもっている」というのが、当時の風評でした。はじめは王妃ジェイン・シーモアの長兄で甥のエドワード六世（在位：一五四七～五三）の摂政（Lord Protector）を務め、サマセット公爵エドワード・シーモアの配下に属さなければなりませんでした。

ヘンリー八世（在位：一五〇九～四七）は、スコットランド王国をイングランド王国と併合して、ブリテン王国にしたいという野望をもっていて、一五四三年にイングランドの王子エドワードとスコットランド女王メアリーを結婚させる「グリニッジ条約」（The Treaty of Greenwich）の締結を強圧的に迫りました。

結局、イングランドの圧力に対抗するのには、中世以来紛争が繰り返されたフランスとの関係を強化するほうが得策と考え、条約はスコットランド議会では批准されず、メアリーはのちのフランソワ二世となるドーフィン（Dauphin　皇太子）との婚約が決まります。ヘンリー八世は、サマセット公爵指揮のもとに、一五四四年と四五年に「苦しい戦い」（The Rough Wooing）と呼ばれるスコットランド侵攻をおこないました。

責任を義兄に転嫁

一五四七年王は没し、サマセットは甥の少年王の摂政として、再びスコットランドに侵攻します。イングランドより人数ははるかに勝っていましたが、統制を欠くスコットランド軍はその半数が死傷しました。けれどもイングランド側の犠牲も大きく、これら一連の戦いは、かえってメアリーとドーフィンの結婚を早める結果となりました。

ウィリアムもそれら一連の戦闘の一つ「ピンキー河畔の戦い」（Pinkie Campaign）に、軍法会議議員の一人として参加しています。

一五四八年にサマセットはストランド通りとテムズの現在ヴィクトリア・エンバンクメントと呼ばれる川岸にか

メアリー・スチュアート

けての広大な敷地にサマセット・ハウスという広壮な私邸を建設、ウィリアムを貧者の請願を聴く非公認の請願院の長官（Master of Requests）に任命しました。ウィリアムは、同時にサマセットの秘書役も務めました。一五四九年サマセットの失脚により、反サマセット派の貴族たちは、ウィリアムをロンドン塔に送りました。

しかし、ウィリアムはウォリック伯爵（のちのノーサンバーランド公爵）ジョン・ダドリーにも取り入っていたため、処分を免れ、一五五〇年にはエドワード六世の閣僚に取り立てられ、ガーター勲爵士に叙せられました。

ジョン・ダドリーは、サマセットを失脚させて摂政の後釜に座り、自分の嫁のジェイン・グレイ（ヘンリー八世の姪の娘）をエドワード六世の後継の君主に据える工作として、カトリックの血縁を排除するため、一五五三年議会に継承条令の改正をおこなわせたのです。

やがてノーサンバーランドも、シーモア兄弟と同じく失脚、そして処刑という結末になるのですが、ウィリアムはサマセットのもとで継承条令に署名した責任を逃れるため、その責任を義兄サー・ジョン・チークに転嫁しました。

エリザベス朝のウィリアム

ひそかにエリザベスと情報を交換

ウィリアムは新しい風をつかんで帆をいっぱいに絞りました。メアリー女王がまだ存命中に、ウィリアムはひそかにエリザベス王女（のちの一世　在位：一五五八～一六〇三）と情報を交わしていました。それまでに信をおける人物が誰もいなかったので、エリザベスは彼に全幅の信頼を寄せました。その信頼は間違ってはおらず、彼は、そのときのイングランドがまさに必要としている顧問官でもあったのです。

いまやすぐれた独創性や、乗るかそるかの政策を選ぶときではなく、教会

エリザベス1世

と国家、内政と外交において、中道を求めることが大事な時代にさしかかっていました。

たえず窮乏の状態にある国家財政への対処と枢密顧問団の指導性、近代的諜報機関の祖と言われるフランシス・ウォルシンガムの指導による諜報活動など、女王の意思＝セシルの意思が、国政の隅々まで行き渡っていきました。

スコットランド女王メアリーの処刑

とりわけ計算は彼の最高の特技でした。彼は熟慮の末、国家の財政の再建にとりかかり、イングランドが財政不安に十分耐えられるまで、手綱をゆるめなかったのです。

女王の第二の天性となった頑なまでの意志を、彼は必ずしも嫌っていたわけではありませんが、必要とあらば己の鉄の意志を貫きました。たとえばエリザベスが最後まで躊躇《ちゅうちょ》したスコットランド女王メアリーの処刑を、ウィリアムは自らの責任で執行したのです。

公的な生活を離れたとき、ウィリアムの生活はごくまともで常識的なものでした。彼は忠実な夫であり、慈愛にみちた父親であり、使用人には理解のある主人でした。読書家、骨董趣味、家紋、家系の研究等々もおこないました。

中世の古いカトリックの秩序を脱して、新しいジェントルマン階級の再構築をおこないました。それにともなうバーリー・ハウスの建築や造園、しかしそれらはすべて彼の信条の根底にある「法と秩序」（law and order）にもとづくものでした。

エクセターとソールズベリ

次男ロバートは筆頭閣僚として

一五九八年にウィリアムが没すると、次男ロバートは女王の後見人としての筆頭閣僚の役をそのまま受け継ぎ、五年後女王の崩御によりチューダー王朝が幕を閉じ、スコットランド王ジェイムズ六世が、イングランド王ジェイムズ一世（在位：一六〇三～二五）としてスチュアート王朝を創設しましたが、ロバートは筆頭閣僚ハイ・トレジャラーの座にとどまります。

世界の歴史を見渡すと、どこの国のいずれの時代も、王朝が交替するとき、権力者もすべて入れ替わるのが通例です。

多岐多様にわたるウィリアム・セシ

スコットランド女王
メアリーの処刑

ルの才能は、最初の妻メアリー・チークとのあいだにできた長男トマスと、二人目の妻ミルドレッド・クックのあいだに生まれた次男ロバートで、分け合ったように思われます。

彼の所有した大きな邸宅は、今もトマスの子孫の住まいであるバーリー・ハウスと、次男ロバートが相続して、後日国王ジェイムズ一世の希望で、現在もロバートの子孫の住まいがあるハットフィールドの離宮と交換したティブルズ（Theobalds）がありましたが、なぜかウィリアムは、女王や宮廷人たちをバーリー・ハウスではもてなさず、ティブルズとロンドンのストランド通り（the Strand）とウィンブルドンにある屋敷でもてなしていたそうです。

ウィリアムのコレクション

晩年のウィリアムは、この本邸が将来「私の悪い息子トマス」とその子孫たちの無関心な手に渡ったとき、いったいどうなるのか、思い悩んでいたようです。

彼の教養は並外れたもので、蔵書の多さは国中で知らぬ者はなく、古代彫刻、絵画、コイン、宝石、金器、銀器などのコレクションが、広大な家を飾っていました。

エリザベス朝時代の館には、防寒を兼ねたタピストリー、椅子とテーブル、家柄をあらわす先祖や係累の肖像画以外の家具調度はほとんどなく、蔵書、家具調度、美術工芸品が邸内を飾るのは、一七世紀末のグランド・ツアーが流行してからあとのことです。豪放磊《ごうほうらい》落《らく》な長男にはそのような鑑識眼が備わっているとは思えなかったのです。彼が軍務で長期に家を空けているあいだ、誰が家の管理をするのだろう。

次男ロバートは、父親の職務を引き継ぎ、バーリー卿亡きあとの晩年の女王と、後継者ジェイムズ一世を支えました。ハットフィールド・ハウスを手に入れたのはそのロバートで、前述のように、国王の要請でもともと相続した邸宅ティブルズと交換したものです。

軍人として活躍したトマス

財務卿ウィリアムの長男は、宮廷人として学問の素養があり、社交的であってほしいという父親の期待にはまったく応えてくれませんでしたが、勇敢で、軍人としての資質は十分に備えていました。

一五七四年、マリー伯（James Stuart Murray メアリー・スコットの異母兄でジェイムズ五世の非摘出子、親英派のプロテスタント）麾下《きか》のエディンバラ城解放軍の一員として戦闘に参加、一五八六年にはサー・フィリップ・シドニーがオランダ独立を助けてスペイン軍と戦い、瀕死の重傷を負った同じザトフェン（Zutphen）の戦闘にも参加しました。

一五八八年スペインの無敵艦隊襲来

ジェイムズ１世

に際しては、ボランティアとしてイギリス船団に乗り組み、女王の寵臣《ちょうしん》エセックス伯が女王に反旗を翻したときは、トマスがこれを鎮圧し、銃弾で危うく一命を落とすところでしたが、功績によりガーター勲爵士（Knight of the Garter）に叙せられました。

一五九八年に父ウィリアムが死んだとき、トマスが葬儀で喪主を務め、女王から弔意をあらわすために伯爵位を贈るという指示が出ましたが、伯爵の体面を保つのに要する費用を賄う余裕はないという理由で断りました。彼自身の計算では、実際に非常に貧しかったのです。

一六〇三年に女王が崩御。トマスと異母弟のロバートは、一六〇五年に国王ジェイムズ一世から同日に爵位を授けられました。ロバートは午前中ソールズベリ伯爵を、トマスは昼食後にエクセター伯爵をそれぞれ賜ったのです。

爵位に付する名称は通常所領が存在する地名からとるのが原則ですが、近世初期のように貴族の浮沈が激しく、爵位の授与や剥奪が頻繁におこなわれると、剥奪した爵位が、縁もゆかりもない人に与えられるようになります。現にセシル家は、エクセターには何の関係もありません。

トマスは、エリザベスとジェイムズと二代にわたる君主に十分な貢献をしたために爵位を得たので、弟とのバランスを考慮して授けられたものではないのでしょうか。以前、経済的な理由で授爵を辞退したので、今回は財政状態がよほど好転したのでしょうか。トマスとロバート、そして各々の子孫エクセターとソールズベリの二つのセシル家の対抗意識を考え合わせると、やはり異母弟には先を越されたくないという、トマスの意識が強く働いたのかもしれません。

ちなみに、エクセターは「セシル」、ソールズベリは「シスル」と、読み方も変えています。

ウィリアムの長男
初代エクセター伯爵トマス

第5章

王朝の変遷と貴族の興亡

ジョージ3世とその家族

近世に入って登場

公爵、侯爵、伯爵、子爵、男爵

「貴族」とか「貴族的な」という言葉には、人による差はあっても、何か漠然と、「高貴で、豊かで、庶民には手の届かない存在」というイメージがあるのではないでしょうか。

貴族（peer）は、公爵（Duke）、侯爵（Marquis 英国ではMarquessが一般的）、伯爵（Earl 英国以外ではCount）、子爵（Viscount）、男爵（Baron）の爵位を与えられた人で、通常は男性です。

はじめは王の係累に

この制度がヨーロッパで確立したのは、歴史的にはそれほど古いことではなく、近世に入って君主制による中央集権国家が次々に誕生し、君主を柱とした王室、それを支える臣下の貴族団という、強力なピラミッド形の支配階層が構築されたことによります。

国によってその成立には違いがありますが、英国では五段階の爵位が一度に制定されたのではなく、ノルマン征服以前のアングロサクソン時代に Earl は国王の領土の管理人、中世には州（county）の長官の役職名であり、Baronは封建領主を意味していました。

Duke がはじめて授与されたのは、一三七〇年、Marquess は一三七六年で、いずれも王の係累で、宮廷内での序列をあらわしたものでした。

チューダー王朝期の大変革

新興大地主による権力構造

一二世紀から十字軍の派兵、英仏百

ヘンリー7世

ヘンリー8世

年戦争、薔薇戦争と戦乱の続いた時代を収束させ、強力な中央集権の支配体制を確立したヘンリー七世（在位：一四八五～一五〇九）のチューダー王朝が、それまで四世紀余り続いてきた中世の土地所有制度をいっさい破棄し、チューダーの臣下に土地の再配分をおこないました。そのためそれまで爵位をもっていた家もほとんどすべて没落、新興の大地主による権力構造が生まれました。

英国近世の幕開けといわれるチューダー王朝は、それまで四世紀余り続いたプランタジネット系の王朝時代と、支配層がまったく入れ替わってしまったので、新興支配階級の権力闘争は激烈でした。

ヘンリー八世の時代

ヘンリー八世（在位：一五〇九～四七）の治世では六人の王妃の目まぐるしい交替、また、イングランドをヨーロッパ最強の国に引き上げた美しい独身の女王（エリザベス一世　在位：一五五八～一六〇三）の寵愛を得ようと競い合う廷臣の浮き沈みには激しいものがありました。

ヘンリー八世は王朝の始祖の次男で、兄の皇太子アーサーは、当時ヨーロッパの王室間では常識であった政略結婚で、最大、最強のスペインの国王フェルナンドの末娘で、まだ一五歳の〈アラゴンのキャサリン〉(Catherine of Aragon) と一五〇一年に結婚しましたが、皇太子はわずか四か月足らずで流行性の熱病で他界。これもまた当時の通例で、第二王子ヘンリーと婚約しますが、ヘンリーはまだ一二歳、あまりにも幼なすぎました。

結局、一五〇九年父王の崩御までの四年間、キャサリンは皇太子未亡人という宙ぶらりんの状態に据えおかれましたが、新国王ヘンリー八世が即位してまずおこなったことは、キャサリン

第1王妃キャサリン

第2王妃アン・ブリン

との結婚でした。

　晴れて王妃となった直後、彼女は妊娠しますが、女の子を死産。次に国をあげて待望のうちに生まれた王子は早産で、わずか五二日の命でした。その後数回妊娠しますが、生きながらえたのはあまり望まれなかった王女メアリーだけでした。いかにしても王位継承者の男子を望む国王の心は、愛妾の一人であるメアリーの妹で、キャサリンの女官を務めていたアン・ブリンに移っていました。

チャールズ１世

エリザベスのために王妃の座を死守

　しかし、元来イングランドでは、嫡出子は男女を問わず相続権があり、征服王ウィリアム一世は庶子にもかかわらずノルマンディー公爵を継承したのですが、その後のイングランドの君主の庶子は、授爵《じゅしゃく》をもって遇されても、決して君主の座にはついていません。

　わが娘の王位継承権を守るためには、絶対に王妃の座を明け渡すことはできないと、ローマ教会の敬虔な信者であったキャサリンは、教皇に直訴、これがのちのヘンリー八世のローマ教会からの破門と、それに対抗した王の英国教会の設立と首長令（一五三四年）による「修道院の解体」につながります。

　二年足らずで不義の汚名を着せられ、反逆罪の科で首を刎《は》ねられたアン・ブリンも、娘エリザベスのために王妃の座を、文字どおり死守しました。

　この辺の権謀術数渦巻く宮廷内人間模様を描いた一〇回のシリーズのテレビドラマは、二〇〇七年度最良ドラマ部門のゴールデングローブ賞にノミネートされ、二〇〇八年にはいろいろなチャンネルで、繰り返し放映されて話題を呼んでいます。

爵位が貴重な財産に

チャールズ一世の処刑

　一六〇三年エリザベス一世の死によってチューダー王朝が終焉、スコット

オリヴァー・クロムウェル

ランド王ジェイムズ六世がイングランド王ジェイムズ一世として即位した頃から、大陸の国王や皇帝たちと比べて、資力に乏しかった英国王は、爵位を売ることを貴重な財源にしました。

その子チャールズ一世（在位：一六二五～四九）は、当時ヨーロッパ大陸では主流となっていた専制君主制を英国にも採り入れようとして議会と対立、清教徒革命に敗れて処刑されます。

王政復古

清教徒派の頭領オリヴァー・クロムウェルをして、共和制（Commonwealth）という名のもとに、禁欲的な専制支配がおこなわれ、この息苦しさに嫌気のさした王党派、議会派双方の合意で、一六六〇年に嗣子チャールズ二世（在位：一六六〇～八五）を亡命先のフランスから迎え、王政復古がおこなわれました。

以降英国は他国の侵略も革命、クーデターなどの内戦もなく、王室を頂点とする社会構造の変革はありませんでした。

国会浄化の問題

旧制度の悪弊

しかし、チューダー王朝の創立以来の土地所有体制は、海外交易の急速な発展と、一八、一九世紀の産業革命の驚異的な進行によって庶民のあいだから成長してきた産業資本家の台頭による社会情勢の進化で、貴族階級の足下の砂も少しずつ削り取られていきます。

しかし何といっても、産業革命の進行によって人口が数十倍に急増した都市の選挙区はほとんどゼロに近いものだったのに比べて、地方に広大な領地をもつ貴族に有利な、人口の少ない選挙区数という問題が残っていました。

チャールズ２世

貴族が議会操作を思うままおこなう原因となっているという非難の声は、実は一七世紀からあがっていました。

清教徒革命から共和制の時代（一六四一〜六〇）には事実上国会は解散したままの状態で、一六六〇年王政復古後も、国会浄化に関しては休眠状態が一世紀も続いていました。

ようやく議会制度改革の動きに火を点けたのは、ホイッグ党の首相ウィリアム・ピット（俗称大ピット、初代チャタム伯爵　一七〇八〜七八）で、既成の自治体（borough）からの事実上無競争の代議士選出は、「われわれの社会構造の腐敗した部分」であると決めつけました。

チャタムは一挙に選挙制度を廃止するのではなく、旧制度の悪弊を弱めることをもくろんで、対立候補を加えることを主張しましたが、結局議会はこれをとりあげませんでした。

小ピットの挫折

次に議会制度改革の運動を起こしたのは、ピットの息子で同名のウィリアム（小ピット、一七五九〜一八〇六）でした。彼も父親と同様に、腐敗した選挙区を全廃することからは一歩後退して、都市部の選挙区の数を増やすことを主張しましたが、二万人の署名による選挙法改正の請願を受けたにもかかわらず、議会は多数で否決しました。

彼は保守的な傾向を強め、一七八三年にトーリー党の首相を務めることになりましたが、やはり改革を成功させることはできませんでした。国王ジョージ三世（在位：一七六〇〜一八二〇）は小ピットの考えを嫌い、ピット自身の閣内でも反対が多数を占めました。

一七八六年ピット首相は改革案を議会に提出しましたが、下院は一七四対二四八で否決、彼は任期中に再提案することはできませんでした。

改革案への支持は一七八九年のフランス革命勃発によって、下降線をたどることになります。革命の過激さに拒否反応を起こして、英国の政治家は、政治的な大きな変化に対しては断固反対するようになりました。

ジョージ３世

グレイの改革

選挙法改正法の成立

このような過剰反応があったにもかかわらず、改革を唱えている複数の団体が組織されました。一七九二年に八代ローダーデイル伯爵ジェイムズ・メイトランドと、のちに首相を務めるチャールズ・グレイ（Charles Grey 一七六四～一八四五）が主宰し、二八人の国会議員を含む「国民の友の会」というホイッグ党の団体が組織され、国会制度改革を提唱しました。

紅茶アール・グレイは、のちに父の爵位を継いで第二代伯爵となったこのグレイが、親しい中国の役人から調合を教わったという伝説から、名づけられたといわれています。

彼は四〇年にわたって根気よく障害を取り除き、国王ジョージ四世（在位：一八二〇～三〇）を口説いて貴族の数を増やし、ついに一八三二年、選挙区の区割りを変え、格差を縮小させ、選挙権も平等に与える「選挙法改正法（The Reform Act）」が通過しました。

「ある公爵夫人の生涯」

グレイの精力は政治にとどまらず、私生活においても、妻メアリーに一五人の子を産ませ、頻繁な妻の妊娠中には、数多くの女性と浮き名を流しました。
なかでも当時の社交界の中心で美貌を謳われ、政治的にも進歩的な主張を公にしていたデヴォンシャー公爵夫人ジョージアーナ・キャヴェンディッシュ(Georgiana Cavendish)を執拗に口説き、女の子を産ませたことで有名です。この話をもとにアマンダ・フォアマンが書いた伝記小説『公爵夫人』(The Duchess)が二〇〇八年にキーラ・ナイトレイ主演で映画化(邦題は「ある公爵夫人の生涯」)され、人気を博しています。一八三二年の選挙法改正法によって旧来の貴族の権利は大幅に削減され、しだいに押し寄せてくる社会主義的な思潮は、万人が生来平等の権利を保有することを教え、今世紀に入って第一次世界大戦が一部の特権階級に古き良き時代の終焉を予告し、第二次世界大戦はそれに追い討ちをかけました。

重い相続税に多くの家が物納され国家的に重要な家は民間の文化財保護財団ナショナル・トラストに維持・管理が委託されていますが、一九七三年に一五〇〇を超える数の個人の館がHHA(Historic Houses Association)という団体を結成、時期を限って公開し、各館の後継者も結束して、文化財としての館の保護を政府に訴え、かつ館の存続のための事業を行っています。

ジョージ4世

第5代デヴォンシャー公爵夫人ジョージアナ

筆を置くまえに

今までに、英国貴族の館（country house）について多数の記事を書いてきたのに、このたびページ数がわずか100を少しこえる程度の本を書くために、なんと大量の資料を読み、また直接、間接にどれほど多くの方々のお世話になったことでしょう。私の専門外の建築や建築史もさることながら、大小を問わず、建物はヒトが必要とするから造られるものなので、建物を理解するためには、政治、社会、文化など、さまざまな事象の歴史を知ることが必要だと思います。

「私の専攻は英文学である」というと、「なんだ、専門家ではないのか」という顔をされることが多いのですが、アングロサクソンから中世、近世の英文学を学んだことが、建物と、その中でおこなわれた生活の理解をおおいに高めてくれました。それらの機会を与えてくださった方々に、感謝の念をあらたにしています。

しかし、目を養うには、できるだけ多くの「モノ」を見るのが一番です。私は道具屋の丁稚みたいに、現物を数多く目にすることで、一目で建築の年代を誤差率プラス、マイナス３年で見分けられるのを、密かに誇っています。

この修練はイギリスですごすようになってから始めたわけではなく、すでに日本で、まだ時間と体力に余裕のあった時代に、自分より10歳以上も若い同好の仲間たちと、毎週一度ぐらいのペースで、ほんのわずか戦災で焼け残った下町の古い町並みを探訪することによって積んだものです。戦前の町並みを知らない年代の人たちの視覚には入ってこないものに、私の視線が向いてしまうことに気づきました。

英国では、日本にないものが見られるのがうれしく、早速ナショナル・トラストの会員、HHAの賛助会員になりました。しかし、いずれも一般公開の日時に、限られた部分を見学できるだけで、本当に見たい家族の居住部分や使用人が家事をこなす「階段の下の領域」、ましてや、家族の生活の場面を見ることは、望むべくもないことでした。思いがけずこれがかなったのは、すでに述べた、スピッカネル夫妻との出会いで、それからそれへと「縁の糸」がつながり、多くの貴族、ジェントルマンたちからさまざまな機会を与えられました。そのご好意にたいする感謝の気持ちを以下に記します。

My heartfelt gratitude should be made to His Grace the Duke of Marlborough, Lionel Stopford Sackville, Esq., His Grace the Duke of Northumberland, Her Grace the Dowager Duchess of Devonshire, the Rt Hon. The Earl of St Germans, The Most Hon. the Marquess of Lansdowne, The Rt Hon. the Earl of Leicester, The Rt Hon. the Earl Spencer, Lady Victoria Leatham, His Grace the Duke of Bedford, The Hon. Simon Howard, Esq., James Hunter Blair, Esq., the Most Hon. the Marquess of Bute, and John Wade, Esq.

◉著者略歴

田中亮三（たなか・りょうぞう）

一九三四年生まれ。慶應大学大学院文学部英文学専攻修了。

ケンブリッジ大学に留学、英文学・言語学を専攻。

慶應大学教授を経て、慶應大学名誉教授。

一九六八年の渡欧以来、英国の建築、とくにカントリー・ハウスに魅せられ、訪れた館は三〇〇を超えている。

一九八七年と一九九六年には、ケンブリッジ大学建築・美術史学部の研究員として、英国建築史の第一人者デイヴィッド・ワトキン教授に師事し、カントリー・ハウスの歴史を研究。

共著に『英国貴族の館』（講談社）、『英国貴族の邸宅』（小学館）、『図説　英国貴族の城館――カントリー・ハウスのすべて』（河出書房新社）、『イギリスの近代化遺産』（小学館）など。

二〇一〇年七月死去。

ふくろうの本

新装版
図説　英国貴族の暮らし

二〇〇九年　九　月三〇日初版発行
二〇一五年　一　月三〇日新装版初版発行
二〇二四年　二　月一八日新装版初版印刷
二〇二四年　二　月二八日新装版初版発行

著者……………………田中亮三
装幀・デザイン………ヒロ工房
発行者…………………小野寺優
発行……………………株式会社河出書房新社
〒一五一-〇〇五一
東京都渋谷区千駄ヶ谷二-三二-二
電話　〇三-三四〇四-一二〇一（営業）
〇三-三四〇四-八六一一（編集）
https://www.kawade.co.jp/
印刷……………………大日本印刷株式会社
製本……………………加藤製本株式会社

Printed in Japan
ISBN978-4-309-76329-3